僕らとビジネスの話をしよう。

新時代の働き方

堀江貴文

大和書房

はじめに

『NewsPicks』で、金泉俊輔氏が司会を務めるトーク番組『HORIE ONE』を開始してから5年が経過した。いままでにのべ100名以上のゲストと対談をしただろうか？

本著は、その中から「あなたの日々の働き方や、新しいビジネスに生かせそうな回」を厳選して1冊にまとめたものである。

ゲスト全員に共通して言えることがある。

それは〝各業界で実績を残したプロフェッショナルである〟ということだ。全員が独自の着眼点とこだわりを持ち、各界で突出した成果につなげている。

とはいえ、着眼点やノウハウだけで成果を出したとは思えない。彼らが成果を残せた最大の理由は、行動し臨機応変に対応したからだ。


最近は多くのビジネス・自己啓発関連型の書籍が発売されている。そこには著者が実践してきたであろうノウハウが記されているが、そのノウハウだけを読んで仕事ができる気になっている人のなんと多いことか。

私に言わせれば、そんな書籍を読んだところで頭でっかちになるだけ。大事なのはノウハウとして情報を得ることではない。情報を得て、行動することだ。

本著に登場するゲストの方々は、まぎれもなく行動してきた人たちだ。なかには旧態依然とした業界から疎まれたりした人もいるだろう。それでも信念に基づき、イノベーションを起こし、結果を残し続けてきたのである。

もちろん本著にもゲストの方々が語るビジネスのノウハウは掲載されている。思わず「いいことを聞いた」と言ってしまった数学者の西成活裕氏による数学の知識はビジネスや交渉に活かせる即効性があるものだし、それ以外にも、転職や投資の考え方、トラブルとの向き合い方、赤字の再建、既得権益を見抜く視点、伝統的な産業のアップデート方法など、今日から使える実践的かつリアリティのあるノウハウが詰まっている。

だが、それ以上に感じてほしいのは、ゲストたちの行動力と生き様の部分だ。

私も含め人間の能力にはそこまでの差はない。事実、多くの人が場数をこなし経験を積めば自然と仕事をこなせるようになる。そこから一歩前に抜きん出た人と、そうでない人たちとの差があるとしたら、行動したか行動しなかったかくらいしかないのだ。

それなりの能力があり、起業してそれなりの規模の会社を運営できると感じる人であっても、なんとなく自信が持てずに周りを見てベンチマークを測り、そこそこの自分を作り出し演出していたりする。
会社勤めであれば、周りの目などもあるのだろうし、いまを捨ててどうなってしまうかわからない状況に不安を感じることもあるのだろう。他人と違うことを実践するのは誰でも手探りになるものだし、行動したからといって上手くいくとも限らない。

だが、動かなければ何も始まらない。
ちっぽけなプライドを捨て、好きなように行動すればいいのだ。本質的にはハードルを超えて〝行動するか・行動しないのか〟の、ちょっとした差でしかない。ただ、世の中の人達は、それを一生越えることができなかったりする。

だからこそ、本著に登場するゲストの話に耳を傾けてみてほしいと思う。そして、彼ら彼女らの生きた言葉から、あなた自身をレベルアップさせるために必要なものを読み取ってもらえればと考えている。

Contents

No.01 × 高橋弘樹

働き方

悩んだことのあるすべての人へ

はじめに …… 002
ヒット仕掛け人の働き方を変えた〝事故〟 …… 014
働くとは、金を稼ぐことではない …… 018
堀江貴文のお金の使い方 …… 022
高橋弘樹は、いくら稼いでいるのか？ …… 024
労働時間が1日2時間になる日 …… 027
転職なんて◯◯に比べればラク …… 031
「飽き」は仕事の敵だ …… 036

No.02 × 西成活裕

数学力

文系必見！ 知っているだけで差がつく数式の世界

複雑な問題をひとつなぎにできる「カギ」 …… 042
あなたの適切な仕事量も、数式で表せる！ …… 048
確実に当たる未来予測の話をしよう …… 051

No.03
×
川村真木子

動員

月額1万円のコミュニティーに1万人を集めるには

我々が数学から脱落する理由 …… 055
「成功する奴はどんどん成功する」プロセス …… 058
商品開発やヒットにも生かせる数式 …… 062
「固有値」を知らずに仕事をするなんて! …… 067
コミュ力がアップし、交渉にも強くなる …… 072
「堀江貴文がやらないこと」をできる、ということ …… 080
オンラインサロンに月1万円出すのは、どんな人? …… 084
前向きなリスクを取れ …… 088
「30歳でボーナス3億円」の世界へ …… 092
データ・ファクト・歴史を重視せよ …… 097
「なんか変な言葉」をつくれる才能 …… 102
金融最前線から見た、お金の増やし方 …… 104

No.04 × 春山慶彦

身体性

忙しい人ほど自然を感じたほうがいい理由

堀江貴文、「世界一死者が多い山」で死にかける …… 112
原点はイヌイットとのクジラ猟 …… 115
歩く行為と経済はつながっている …… 117
日本人が気づいていない自然の価値 …… 120
聖なる山の山頂にあった衝撃の光景 …… 123
日本社会の課題は、身体を使っていないこと …… 126
諸悪の根源は体育!? …… 129
自然との接点をどう増やすか …… 133

No.05 × 水留浩一

逆境

炎上、コスト高、人手不足を乗り越えた敵なし経営力

1000億超の上振れ！ 改革と再建の方法 …… 142
あの迷惑動画事件から学んだこと …… 146
SNS時代の企業経営のリスク …… 149
世界展開でも敵なしの戦術に迫る …… 153
人件費と手間賃を抑える、という戦略の限界 …… 157

誰でも活躍できるのが外食産業……161
貧乏になっていく日本……逆風にどう抗うか……165

No.06 × 藤崎忍

再建

元専業主婦の社長が選んだ〝戦わない〟戦い方

「心を尽くす」とはどういうことか……170
実は日本初のハンバーガーチェーン……173
王者の戦略について思うこと……177
なんでもいいからおいしいものを……180
ハードルの多い企画の通し方……187
再建のカギは「愛される」こと……191
フォロワー数が少ないアカウントだからできること……194
成長が目的、ではない！……198

No.07 × 久松達央

喝破

言いづらいことを言わなければ成長はない

農家はもっと減っていい……204

No.08 × 山﨑寿樹

再定義

“昔から変わらない場”に可能性を見出す

勝ち筋は鮮度と流通、セオリー無視……207
数字の背後にある産業構造を見よ……211
日本人選手の躍進は、肉のおかげ？……215
国産野菜が抱える難点……218
農業はどれくらい儲かるのか……222
農家が減ると不都合なのは誰？……225
やがて「Xデー」が来る……230
オーガニックの大誤解……233
缶＋日本酒が海外でアツい！……240
既視感を、どう面白くしていくか……243
施設をメディアとして活用する……247
スーパー銭湯で「風呂に入らない」？……253
スポーツビジネス、儲けのツボ……256
80万のチケットが飛ぶように売れる……260

No.09
×
野本良平

流通

それを制する者がビジネスを制する

超速流通網は、いかにして生まれたか……266
逆風の中に勝機もある……271
予想外のピンチをどう乗り越えたか……274
日本の漁場が世界最高である理由……280
機能不全に陥っている資源管理……283
シラスの軍艦巻きが一皿2000円に⁉……288
儲かる日本の密漁事情……290
今、シーフード需要は右肩上がり！……292
既得権とぶつかると起こること……294
水産スタートアップの明るい未来……298

No.01

働き方

悩んだことのあるすべての人へ

映像ディレクター
経済メディア「ReHacQ」プロデューサー
株式会社tonari CEO

高橋弘樹 Hiroki Takahashi

Profile

1981 年生まれ。早稲田大学政治経済学部卒業。2005 年テレビ東京に入社。2023 年 2 月、18 年勤めたテレビ東京を退職し、ABEMA へ転職。さらには映像制作会社 tonari を設立し会社員・経営者・クリエイターとして活動している。企画・演出に『家、ついて行ってイイですか?』『日経テレ東大学』『吉木りさに怒られたい』『ジョージ・ポットマンの平成史』『世界の果てに、ひろゆき置いてきた』。著書『1 秒でつかむ』『TV ディレクターの演出術』『都会の異界』など。

番組公開：2024 年 3 月 18 日

本対談の「働き方論」から学べるビジネスポイント

❶ 働くとは何か理解できる

▼「お金を稼ぐこと」より「使うこと」を意識する。
▼仕事で承認欲求を満たせているかを問う。
▼トラウマの代償行為かどうかを考える。

❷ AI時代の仕事術

▼AIの台頭によって生産性は上がり、富の総量は上がっていく。
▼自分の仕事がどうAIに置き換わっていくかを想像することが大切。

❸ 転職すべきかどうかわかる

▼現状で結果を出している「転職したくない人」ほど、いざ転職すると結果が出せるもの。
▼反対に「転職したい人」は、まだその会社でなすべきことが残っているかも。再考の余地あり。

現状に不満があるなら、そのハードルを乗り越えて次に行くしかないんです。人生は一度きりなんですから。一旦転職すると「こんなもんだったのか」と思いますよ。

ヒット仕掛け人の働き方を変えた〝事故〟

金泉俊輔（以下、——） 今回は高橋弘樹さんと「働く違和感に気づけるか」というテーマで、自らのキャリア形成や職場環境の変化、〝働く〟とは何かを考えていきたいと思います。高橋さんは早稲田大学を卒業後、2005年に「テレビ東京」に入社。数々のヒット番組を制作してきましたが、2023年にテレビ東京を退社し、「ABEMA」に入ります。同時に「ReHacQ」などの人気チャンネルを作る映像制作会社「tonari」を立ち上げました。テレ東時代は「専務になる」と言っていましたが、気がつけば転職しています。

高橋弘樹（以下、高橋）▼これは以前もお話ししたことがあるんですが、日経テレ東大学※でちょっと揉めて辞めただけなんです。**事故みたいなもんですよ。**

堀江貴文（以下、堀江）▼そう。事故で辞めることは多いんです。僕も起業をするきっかけは事故みたいなもんですよ。僕がバイトしていた会社には、親会社から来た副社長みたいな待遇の人がいたんです。それで、ある日、その副社長みたいな人から「親会社に戻って新しくインターネット課を作るから、一緒に親会社で働かないか。月70万円払う」と言われたんですよ。

高橋▼バイトじゃなくて、正社員になってくれと言われたんですね。

堀江▼そう。僕はその会社は別に嫌いじゃなかったんだけど、その人の下で働くのが嫌だったからバイトを辞めちゃったんです。そして、起業した。

※日経テレ東大学は、2021年4月から2023年3月まで配信していた日本経済新聞社とテレビ東京グループによるユーチューブチャンネル。2023年2月には登録者数100万人を突破

――高橋さんは、なぜ「専務になりたい」と言っていたんですか。

高橋▼会社にいるのに出世競争に参加しないのは面白くないじゃないですか。出世したほうがお金をいっぱいもらえるし、やりたいことがやれる。そのゲームを楽しんだほうがいいと思ったんです。

堀江▼でも、専務になったら現場の仕事ができなくなるじゃないですか。

高橋▼そうですね。でも、僕は作り手でありながら役員になるコースを作りたいと、ずっと言ってましたから。一方で出世に興味がない人も実際いるんです。僕が1年目でAD（アシスタントディレクター）をやっていた時、10個くらい上のゴールデンタイムの番組をやっている先輩が「俺は宝くじに当たったと思っているから、もう一生懸命働かない」って言ってました。**テレビ東京にいれば、年収1千数百万円は**

もらえるんですよ。それにクビになることはほとんどない。だから、仕事よりも趣味を優先させる。そういう働き方をする人も多いと思います。

ただ、そういう生き方は僕には性に合わないし、たぶん、堀江さんも性に合わないでしょうね。それで転職に関して言えば、結果、事故って良かったという感じです。転職して血圧が20くらい下がりましたから。

堀江▼健康になったんだ（笑）。

高橋▽転職して太ったのに、血圧が下がるという奇跡が起きました。テレ東は本当にいい会社で、楽しかった。でも、ＡＢＥＭＡで正社員をやりながら起業したら、やりたいことが全部やれてより楽しくやらせてもらってます。

働くとは、金を稼ぐことではない

――ちなみに、ＡＢＥＭＡに入社した決め手はなんだったんですか？

高橋▼決め手は、スラッシュキャリア※です。正社員でありながら、ほぼ縛りがなく副業をやらせてもらえることが一番大きかったですね。

――高橋さんにとって〝働く〟とはどういう意味を持っているんですか。

※スラッシュキャリアとは、ＡＢＥＭＡ／ｔｏｎａｒｉとスラッシュを入れて表示するように、複数の仕事をこなしていること

高橋▼　3つの意味があります。ひとつは「お金を使う」ということ。大事なのは「お金を稼ぐ」じゃなくて、お金をいかに使えるかということ。

ふたつめは「承認欲求を満たせるかどうか」。

みっつめは、「何かトラウマがあるんだったら、その代償行為として仕事が機能しているか」ですね。

これは僕の仮説なんですけど、**人間ってお金を使う時に幸せを感じる**んですよ。例えば、外資系の会社で年収5000万円もらっていたら、その5000万円は自分の自由に使えますよね。でも大企業に入ると、部署によっては5億円くらいの大金が使えるんです。だから、会社でいかにお金を使えるかということが大事になってきます。例えば、テレビ番組を作る時には年間で何億円もの予算があります。何億円も使って番組を作ることができる。

これは子供の頃に1000円もらってプラモデルを買って作っていたのと同じで、**大人になって5億円のプラモデルを買えるようなもの**です。それっ

高橋流「働くこと」の三箇条

1. お金を稼ぐのではなく「使う」ことを意識する。
2. 承認欲求を満たせるかどうか。
3. 何かトラウマがあるんだったら、その代償行為として機能しているか。

て、すごく楽しいじゃないですか。当然、会社に利益をもたらさないといけませんけど、利益を出して会社から信用を得て、自分のやりたいことができるようになったら、あとはもう会社はATMみたいなもんですよ（笑）。僕はまだ年間5億円とかだけど、森ビル※の人なんて、ビルを建てるのに数千億円も使ってますよね。堀江さんはどうですか？

堀江▼僕は逆にそれしかやってこなかったから。

高橋▼そうですよね。堀江さんは好き勝手

※日本のデベロッパー（土地開発業者）で総合不動産会社。六本木ヒルズや虎ノ門ヒルズ、麻布台ヒルズなどを運営している。虎ノ門ヒルズの建築コストは約4000億円、麻布台ヒルズの総事業費は約6400億円

やってますよね。ロケットを作ったり、ラジオ局を買ったり……。

堀江▼純粋に儲けのことだけ考えると、同じことをずっと続けていた方が稼げるんですよ。

高橋▽そう。だから、お金はもう稼ぐ時代じゃなくて使う時代なんです。

堀江貴文のお金の使い方

堀江▼そういえば、最近、**ＣＴ**※**スキャンを買いました**。ロケットのタンクを作るときに円周溶接をやるんですけど、それがめちゃくちゃ難しい技術なんです。そして、溶接した部分が圧力に耐えられるかどうかを非破壊検査しなきゃいけない。そのために産業用のＣＴスキャンを買いました。

高橋▼今、堀江さんがしゃべっていた時の表情って、10歳の子供がプラモデルを作っていて楽しいと喋っているのと同じような表情でしたよ（笑）。

※CTとはComputed Tomographyの略で、コンピュータ断層撮影のこと。体などにさまざまな方向からX線をあて、その断面をコンピュータなどで画像処理する。また、連続して撮影することで立体画像も作成できる

堀江▼あと、ロケットを飛ばす時に海上を監視するために監視船を出さなきゃいけないんだけど、海が荒れていると監視船を出せないんです。でも、それで打ち上げられないということになったら嫌だから、「じゃあ、(海の荒れを空から見るために)飛行機を買うか」って**飛行機を買いました**。それで、1500万円くらいの中古のセスナ※を買ったんだけど、買った時はちょっと嬉しかったな。**あと、消防車も買った**。ロケットエンジンの燃焼試験中に火災が発生した場合、消火するためにポンプ車が必要なんです。それで、払い下げの消防車が売られていたから「じゃあ、買うか」って。

高橋▼消防車を買うって、子供の夢だよ。本当に。そういえば僕も入社6年目くらいの頃に、衝撃映像を作る番組をやっていたんです。で、僕は風呂が大好きだから、軽トラを買ってその後ろの荷台に風呂を作って、日本一周して絶景で風呂に入るという企画を作りました。富士山の見えるところで風呂に入るとか。あれは楽しかったなあ。

※セスナとは、広い意味では、数人乗りの小型飛行機のことをいう。また、正確には「Cessna(セスナ)」社が生産した飛行機のことを指す。セスナ社の単発プロペラ軽飛行機「スカイホーク」が大ヒットしたことから、小型機を「セスナ」と呼ぶ人が多い

高橋弘樹は、いくら稼いでいるのか？

――2023年3月発表のデータですが、**転職した理由の1位は「収入」です。**高橋さんは、ABEMAの収入だけを比べると転職前より増えているんですか？

高橋▼ABEMAに入る時に「テレ東と同じくらいはいただきたい」とお願いしたので、トントンくらいじゃないですか。

――「GO」の代表でクリエイティブディレクターの三浦崇宏《みうらたかひろ》さんが1年前に「**高橋**

さんは1年後に年収6000万円くらいになっている」って言ってましたけど。

高橋▼年収6000万円も行くわけないじゃないですか（笑）。僕がやってるユーチューブチャンネルは持ち出しが多いんですよ。

堀江▼大変ですね。ちゃんと見たことはないけど。

高橋▼大変です。ちゃんと見なくても、全然、大丈夫です。

――でも、登録者数がもう80万人を超えていますよね（2024年7月時点）。

高橋▼80万人を超えているんですけど、僕らのチャンネルは基本的に無料なんです。お布施みたいなサブスクチャンネルもやってますけど、そっちには動画をほとんどあげていない。メディアを作って広めるって大変ですよ。

堀江▼でも、日本の生産性はこれから上がっていくはずなんですよ。※日経平均株価が4万円を超えたのは、**日本でもちゃんと株主のほうを向いて経営している経営者が多数派になったからだと思います**。それがわかってきたから、外国人投資家が日本の株を買っているんです。団塊の世代の経営者たちがどんどん退場してきているので、比較的まともな経営感覚を持った人たちが増えている。それで、収益力が上がっている。だから、今後は社内でも給料格差が出てくるんじゃないですか。

高橋▼逆にいえば、バリバリ働きたいという人にとってはいい時代になっているということですよね。(テレ東時代の先輩のような) 宝くじスタイルみたいに、ずっとぬくぬくはできないということですね。

※番組配信の少し前である2024年3月4日、東京株式市場の日経平均株価は4万0109円23銭で終え、史上初めて4万円を超えた。2024年7月時点でも、最高値を更新している

労働時間が1日2時間になる日

堀江▼ちゃんと考えて働いている人とそうじゃない人で、給料が変わってくる。経営者って冷徹なので「この仕事はＡＩでいい」と思ったら、バンバン社員を切っていきますよ。いきなりクビにはできないから、まずは仕事をどんどん減らしていく。映像なんかＡＩでできちゃいますよね。僕はｎｏｔｅというメディアプラットフォームにブログみたいなものを書いているんですけど、最近、その挿絵とかをＡＩに描かせてます。

高橋▼テレビでも報道番組の挿絵みたいなものであれば、「ＣｈａｔＧＴＰ（生成

ＡＩ）」を使ったりしていますよ。

堀江▼昔はフリー素材サイトの「いらすとや」とか使ってましたよね。「いらすとや」も最近、ＡＩを出してるの知ってます？　いらすとや風の絵が描けるＡＩのサブスクが始まってるんですよ。でも、よく考えると、みんな「いらすとや」の絵が好きで使っているわけではなくて、無料だから使っているわけですよね。だから、いらすとやのＡＩサービスがうまくいくのか僕はちょっと微妙だなと思っています。だって、イラストなんてＣｈａｔＧＴＰに描かせたほうがいいものができますから。

高橋▼堀江さんが言うように、これから映像はかなり厳しくなるでしょうね。「ｓｏｒａ」※を見た時、びっくりしましたもん。

堀江▼ｓｏｒａはテキストから映像を作っていますけど、本質は映像から映像を作ることだと思うんですよ。もともとの画像があって、この背景を富士山にしたいなと思った

※ｓｏｒａとは、人工知能の開発を行なっている米「Ｏｐｅｎ ＡＩ」社が開発した動画生成ＡＩ。テキスト入力で動画を生成することができる。また、静止画から動画を作ったり、既存の動画の背景を変えるなどの編集を行なうこともできる

ら、それがすぐにできる。そんなにクオリティが必要ない映像だったら、それもありですよね。

高橋▽それで十分な場合もあります。

堀江▼例えばクロマキー※で撮影した映像に富士山を映すとか、AIは得意じゃないですか。

高橋▽得意でしょうね。一時期、クロマキーで合成するのが流行って、テレビ局はすごいお金を投資してましたけど、今後はクロマキーが必要なくなるかもしれません。だから、**2年後にどうなっているかが読めないんですよ**。もう、ロケとか背景とかいらなくなってくるんですかね。

堀江▼いらなくなるでしょうね。でも、それは映像の世界だけのことじゃなくて、**みん**

※緑色の背景で映像を撮って、その後、緑色の部分に別の映像を合成する技術

な「**自分の仕事がどうAIに置き換わっていくか」を考えたほうがいいと思いますよ。**

でも、それで富の総量は増えるんです。

高橋▽それは、AIが勝手に働いてくれるからですよね。

堀江▼そう。**人間の生産活動が減っていくから経済が縮小するのかと思いきや、AIが働いてくれるから生産性は上がるんです。**そして、僕たちが得られる富はより大きくなっていくんですよ。だから、余暇に使える時間も増える。**人間の労働は1日2時間とかでよくなるかもしれません。**

転職なんて〇〇に比べればラク

——転職に悩んでいる人や、今の仕事に違和感を覚えている人に何かアドバイスはありますか。

高橋▼僕の場合は事故のような転職でした。テレビ東京は本当に居心地のいい会社でしたし、収入も満足のいくものでした。だから転職は怖かったですし、できるならしたくなかった。**でもそんなネガティブな私でも、転職したらめちゃくちゃ楽しかったです**。今まではテレビ業界でしたが、ＡＢＥＭＡを運営するサイバーエージェントという会社に入って、『世界の果てに、ひろゆき置いてきた』という番組を作ったら、会社の優秀なコンテンツを決める賞レースにノミネートされました。で、そのライバルは『ファイナルファンタジー』と『タップル』だったり。

また、ｔｏｎａｒｉという自分の会社ではユーチューブチャンネルをいくつも運営したり、自分たちで著作権を保持しながらテレビ番組を作ったり。世界が一気に広がりました。ただここから一周回って思うのは、**転職を恐れている人ほど上手くいくんじゃないかということです。**転職を恐れている人というのは、今の会社でそれなりにいい待遇を得たり、楽しい仕事をやらせてもらったりしている人。あるいは、ラッキーパンチで既得権益を手にした人ではないでしょうか？　そうやって恐れている人たちのうち、前者が成功する転職予備軍かもしれません。後者、あるいは転職したくてしょうがない人は、転職は危険な気がします。なぜなら、**いい待遇や楽しい仕事を得られるに至っていないなら、それはまだその会社でなすべきことがあるかもしれないからです。**成果は出しているのに報酬が足りない、と思ったら一度会社と戦ってみてもいいかもしれません。

高橋流・転職アドバイス

1. 恐れることを前提に準備をする
→恐れを感じるのは、今の会社で成果を上げている証拠。その恐れを利用してしっかりとした準備を。

2. 転職のタイミングを見極める
→現在の待遇や仕事に満足しているなら転職のチャンスかも。まだ成果を上げきれていないなら、今の会社で更なる努力を。

3. 会社と戦ってみる
→転職前に現在の会社と自分の評価や待遇について話し合ってみる。条件改善が可能かもしれない。

堀江▼転職の悩みというのは、結局、離婚できない人みたいな話なんです。 僕は結婚も離婚もしたことがあるからよくわかるんですけど、別に結婚したくてしたわけじゃなくて、なんとなく成り行きで結婚したんです。こういうことを言うといろいろ言ってくる人がいるかもしれませんけど、ここで建前を言ったってしょうがないでしょ。離婚するのはやっぱり大変なんです。転職も同じです。でも、現状に不満があるなら、そのハードルを乗り越えて次に行くしかないんです。人生は一度きりなんですから、我慢していてもしょうがない。でも、一旦転職すると「こんなもんだったのか」と思いますよ。それに**離婚よりも転職のほうが簡単ですよ。**

高橋▼僕も会社を辞めるまでは、すごく怖かったんです。でも、辞めたら「転職ってこんなもんか」くらいの感じでした。「あ、こんなにスッキリするんだ」と思った。でも、これは「言うは易し、行なうは難し」なんです。僕も〝事故〟がなければ、多分、辞めてませんでしたから。

堀江▼だから、普段から新しいことをするのに躊躇しないような生き方をしてたほうがいいと思うんです。僕がオンラインサロン「HIU」※をやってるのも〝普段やらないことを体験してみる〟という意味があるんです。例えば、2泊3日で合宿して「牡蠣を作る」体験をしてみる。カゴの中で牡蠣を育てる「NINJA OYSTER BASKET（忍者オイスターバスケット）」というのがあって、それをカスタマイズして自分たち好みの牡蠣が作れるんです。牡蠣の稚貝をカゴに入れて、2ヶ月くらい育

※HIUとは、「TAKAFUMI HORIE INNOVATION UNIVERSITY（堀江貴文イノベーション大学校）」の略で、会員制のコミュニケーションサロンのこと。40のグループに分かれていて、イベントやセミナー、合宿、食事会などを頻繁に行なっている

てもらう。あとは「蓮根掘り」といって、泥の中に入って蓮根掘りをする。そうした普段やらないことにチャレンジする。「めんどくせえな」「大変そうだな」「ルール知らねえからな」とか、やりたくない言い訳はいろいろできるんですけど、サロンのメンバーはお金を払って合宿に来ちゃってるから、みんなやるしかないじゃないですか。そうしたら、意外と楽しかったりする。**そういう新しい体験を日頃からしていると、転職や自分のライフイベントに対する抵抗感も薄れる。**

「飽き」は仕事の敵だ

高橋▼ということは、もう転職前提で人生を考えたほうがいいということですかね。

堀江▼というか、終身雇用って飽きませんか。このあいだ、北海道・札幌《さっぽろ》にあるお寿司屋さんに行ってきたんですよ。多分、札幌で一番有名なお寿司屋さんじゃないかな。そのお店が今度、銀座に移転するんです。だから「なんで銀座に行くんですか?」って聞いたら、「この場所にちょっと飽きちゃったんです」って笑ってました。それが本音かどうかはわからないけど、そういう気持ちも少しはあるのかなと思ったんです。

高橋▼でも、それって大事なことかもしれません。仕事って、10年くらいするとやっぱり飽きちゃうんですよね。

堀江▼だから、これは高橋さんがさっき言っていた「お金は稼ぐより使うほうが楽しい」という話ともつながるかもしれない。会社って社員に稼ぐ仕事をやらせているわけですよ。「年率5％ずつ成長します」みたいな稼げる仕事をずっとやらせているだけです。でも、そういう仕事をやってると飽きるんです。毎年同じ業者さんと「今年は最初にこういうキャンペーンをやりましょう」とか「春には就活キャンペーンをやりましょう」とか。結局、毎年同じことをやってるわけです。

高橋▼確かに業務内容は少し変わるけど、毎年同じようなことをして飽きちゃってる部分もあるでしょうね。

堀江▼だから、最近の会社は飽きさせないような取り組みをしていますよね。うちのロケットの会社「インターステラテクノロジズ」※には、トヨタ自動車からすごく優秀な人が出向で来るんですよ、お金はトヨタ持ちで。JAXAからも来てるんです。これって、すごくないですか。最近はトヨタやJAXAみたいな会社が外部に出向させたり、外部連携制度みたいなのを使って週2日だけうちの会社のために働いたりしているんです。そういう、一部副業みたいなのが認められている。

高橋▽そうか。7対3とかで働く内容の割合を変えられるんだ。

堀江▼ABEMAだってそうじゃないですか。だから、そういう会社が増えているんですよ。それは「優秀な人材は10年くらいすると仕事に飽きて辞めそうだから、他のことをやってもいいから会社に残ってもらおう」という考え方の企業が増えたということです。

※インターステラテクノロジズとは、2005年から活動を始めたロケット開発企業。2019年に開発したロケット「MOMO3号機」が民間企業で初めて宇宙空間に到達した。現在、小型人工衛星を打ち上げるロケットなどを開発中。本社は北海道広尾郡大樹町にある

高橋▽なるほど。大企業はだいぶ自由になってきていますね。

堀江▼優秀な人に対しては特にそうです。まあ、人生は一度きりなので、働くということは、転職も含めて自分がやりたいようにやったほうがストレスがないですよね。そういうストレスって意外と体に溜まるので、体調が悪くなっちゃいますから。

高橋▽そうです。僕も転職して血圧が下がったわけですから。

堀江▼だから、ストレスなく働くというのは、これからとても大事なことだと思います。**ストレスを抱えている人がいたら、絶対に転職したほうがいいと思います。**

No.02

数学力

文系必見!　知っているだけで差がつく数式の世界

数理物理学者

西成活裕 Katsuhiro Nishinari

Profile

1967年東京生まれ。東京大学先端科学技術センター教授であり、数理物理学者。東京大学大学院で航空宇宙工学を専攻し、2009年に教授に就任。2021年には「歩きスマホで歩行者同士がぶつかりそうになる理由」に関する研究でイグ・ノーベル賞を受賞。数理科学を基盤とした複雑システムにおける創発現象の解明と応用を目指し、集団運動と渋滞の研究を行なっている。車、人、アリ、物流、インターネット、生体内の流れなどを対象にし、これらの流れが不安定化する現象を扱う。著書に『東大の先生! 文系の私に超わかりやすく数学を教えてください!』など多数。

番組公開：2022年6月6日

本対談の「役に立つ数学」から学べるビジネスポイント

❶ 渋滞学で、あらゆる「滞り」を理解できる

▼車の渋滞はもちろん、適切な仕事量も数学的に説明できる。

❷ 「固有値」で未来予測が可能に

▼遠い未来予測はほぼ不可能だが、「固有値」の考え方を用いれば、近い未来はわかる。

▼成功者の法則やヒット商品開発など、ビジネスにも応用可能。

❸ コミュニケーション能力も向上！

▼「人はなぜ他人から正しく理解されないのか」を解く数式が存在し、５つの誤解の数式がある。

▼これを知ることで、ビジネスコミュニケーションでの誤解を減らす手助けになる。

こういうふうに「数学は役立つよ」ということがわかると、みんな数学を勉強するモチベーションが上がりますよね。

複雑な問題をひとつなぎにできる「カギ」

金泉俊輔（以下、――） 今回お越しいただいた数理物理学者の西成先生は、インタビューでこんなお話をされています。

「文系、理系の区分はいらないと思います。昔はそれで良かったのですが、**いま人類が解かないといけない課題は、融合した知識でないと解けません**」、「**キーになるのが数学です**。数学ができないと、いろんなものをつないでいくことができません」。

西成活裕（以下、西成）▼はい。今、世界に単純な問題ってほとんどなくて、難しい問題しか残っていないですよね。それらを全部つなぐのは何かというと、おそらくは数学です。**なぜなら、言語として世界共通だからです**。それをキーにして、いろいろなものをつなげていって、解決していこうということです。

例えば環境問題が挙げられます。環境問題の専門家って、実はいないんですよ。いろんな分野の人が集まらないといけない。その共通言語としての役割が数学にあると思っています。

――そのようなお話を聞くと、数学が必要であることまでは理解できるのですが、苦手意識のある人も多いですよね。どうしたら解消できるでしょうか。

西成▼数学は語学と一緒だと思っています。単語を覚えるのと同じように数式を覚えたりすればいい。そうすれば、英語でコミュニケーションするのと同じようにいろいろな人たちとコミュニケーションをとることができます。

私の好きな数学者の言葉なんですが、「**数学を勉強すると、読めない本がなくなります**」とその人は言っているんです。

――ビジネス書にも必ずと言っていいほど数式がありますもんね。そんな西成先生は「渋滞学」を研究しているとのことですが、これはどういう学問なんでしょうか。

西成▼車の渋滞はもちろんなんですけど、**物の渋滞、人の混雑、それから体の調子が悪いのは、どこかに渋滞が起こっているから**です。そんなあらゆる渋滞をひとくくりにして研究しようというのが渋滞学です。

――では早速ですが、高速道路の自然渋滞はなぜ数式で表せるんでしょうか。

西成▼まず、渋滞の定義って知っていますか。「今日は混んでいたな」とか「今日は空いていたな」って言いますけど、どれくらい車がいると渋滞というのでしょうか。例えば、車が通行している写真を見せて「これ渋滞ですか」「渋滞じゃないですか」って、誰が判断できるのでしょうか。だから、まず、そこを決めるところから始めないといけません。

堀江貴文（以下、堀江）▼渋滞の定義を決める必要があるということですね。

西成▽そうです。それにはデータが必要です。まず「1㎞の間に車が何台走っているか」というデータ。これを「交通密度」と言います。そして、もうひとつが、どれだけ車が通過するかという「通過量」。通過量が多ければ、別に「渋滞」ということにはなりません。結論から言うと、25台くらいまで通過量は伸びます。

堀江▼1㎞あたり25台くらいで流量がピークに達すると。

西成▽そうです。25台以上になると流量がガタ落ちする。だから、1㎞あたり25台になると渋滞が始まるんです。すると、渋滞を解消するためには１㎞あたり25台以下にすればいいということがわかります。１㎞は１０００ｍですから、車間距離を計算すると１０００ｍ÷25台で40ｍとなる。

運転していて車間距離を40ｍで走らざるを得なくなったら、その時から渋滞と言えばいいんです。

堀江▼なるほど。わかりやすい。でも、40ｍの車間距離って意外と長いですよね。

西成▽そうなんです。だからみんな車間距離を詰めたり、割り込んできたりする。そうすると、割り込んだ人も含めてみんな損をするんです。**割り込まないほうが早く着くんです。**

堀江▼でも、みんなが40ｍ以上の車間距離で走らないといけないんですよね。そんなことはできないですよ。

西成▼それで、なかなか実践するのが難しく、落ち込んでいたんですけど、※自動運転の時代が来たじゃないですか。そうすると、**車に車間距離をプログラムすればいいんです。**

堀江▼そうか。**自動運転時代になったら、渋滞は理論的には発生しないようにできるんだ。**

※自動運転とは、車を運転する時に人間が行なっている操作や判断をコンピュータなどの機械システムに任せること。GPSやカメラ、センサーなどの情報や通信技術などを使って、人や車、障害物などの道路環境を読み取り自動で走行する

あなたの適切な仕事量も、数式で表せる！

――次にレジ待ちの渋滞はどういうメカニズムなんですか？

西成▼簡単に言うと「レジにお金を払いに来る人」と「払い終わって出ていく人」がいますよね。このバランスです。来る人よりも出る人が少なければ、レジ待ちになります。この「来る／出る」という割合を「a」とすると、aが1を超えると渋滞します。つまり、来る人が多い状態です。じゃあ、どれだけ並びますかというのは、上図のような公式になります。これで、スーパーのレジ待ちや高速の料金所でなぜ並ぶのかがわか

「人が並ぶ」を公式化するとこうなる

$$a = \frac{\text{来る}}{\text{出る}}$$

$$\frac{a}{1-a}$$

るんです。そして、これがわかればレジなどの設計ができます。高速道路の流入などをどこに作ったらいいかということも、こういう数式を使って交通工学の中できちんと設計されているんです。

堀江▼でも、設計したところで、渋滞はなくなっていないですよね。

西成▼鋭いご指摘です（笑）。それはなぜかというと、首都高速道路は作った時の想定と今の交通量が１００倍違うからです。だから、交通量が今の１００分の１だったら渋滞は起きないのです。

これは組織でも個人でも同じで、適切な仕事の量があって、ある臨界を超えると急に仕事が渋滞し始めます。**詰め込まず、余裕を持ったほうが生産性が高くなることがさまざまな企業で示されています。**この臨界は企業によって異なりますが、**最大できる仕事量の約7割ぐらいがいい、ということがわかっています。**

そして未来を予測して、今後どれだけの仕事量になるか予測していくことも重要です。

堀江▼そうですよね。でも、未来予測って難しいのに、みんな未来予測をしますよね。あれはなんでですかね。

西成▼やはり指標がないと、予算を動かしたり物を作ったりすることができないからじゃないですか。でも未来を作っていくには、目標に向かっていく意志の力が重要だとよく言いますね。

確実に当たる未来予測の話をしよう

堀江▼**未来予測ほどいい加減なものはないですよ。**僕もよく未来予測を求められるんですけど「無理だ」って言いますもん。変数が多すぎてわかりませんよ。ただ、たまに確実に言えることがあるんです。例えば、僕は団塊ジュニア世代なんですけど、僕の世代の同級生はほぼ就職しています。でも、**人口ピラミッドから考えると、就職すると**団塊※**の世代が上にいるのでポストが空かないんです。だから、出世もできないし、給料も上がらない。**

※団塊の世代とは、第二次世界大戦直後の１９４７年（昭和22年）から１９４９年（昭和24年）に生まれた人たちのこと。第一次ベビーブームと呼ばれ、出生数は８００万人以上。２０２４年中には全員が後期高齢者の75歳以上になる

西成▼そういうのを「**人事の渋滞**」っていうんです。

堀江▼なるほど。だから、「企業に就職するのは損だよ」ってずっと言ってきたんですけど、「何を言ってるんだ、こいつ」みたいに思われていました。それで、首都高について言えば、僕は解決する方法があると思っているんですよ。それはロードプライシング※です。ロードプライシングにしてピーク時の値段を倍などにすれば、使わなくなる人が増えますよね。

西成▼使う人は一気に減ります。

堀江▼他にも、環状七号線よりも内側に行く時はロードプライシングして、お金を取るようにすればいいんです。

西成▼イギリスのロンドン市も同じようなことを考えていて、ロンドン市内の渋滞がひ

※ロードプライシングとは、エリア、時間、利用料に応じて変動する課金システム

どいから、市内に入ってくる車に課金をしようとする。すると、今度は地下鉄に人が集中するわけです。だから、同じ職場で働かなくてもいいようにニーズを変えなくてはいけない。

堀江▼でも、今はリモートワークもできますからね。地下鉄もプライシングを変えればいいんですよ。ダイナミックプライシング[※]にすればいい。実際、高速道路の一部でダイナミックプライシングは使われているんです。トラックは都心環状線を通るとめちゃくちゃ課金されます。トラックは都心に入らないで湾岸線を通りなさいというように誘導されているんです。

※ダイナミックプライシングとは、時間帯によって価格を変えること

――堀江さんは未来予測を否定されましたけど、できる部分もあるということで、将来を予測する数式というのを教えていただけますか。

西成▼未来というのは、基本的には「神のみぞ知る」世界です。だから、現状で本当の

未来がわかる？　微分方程式

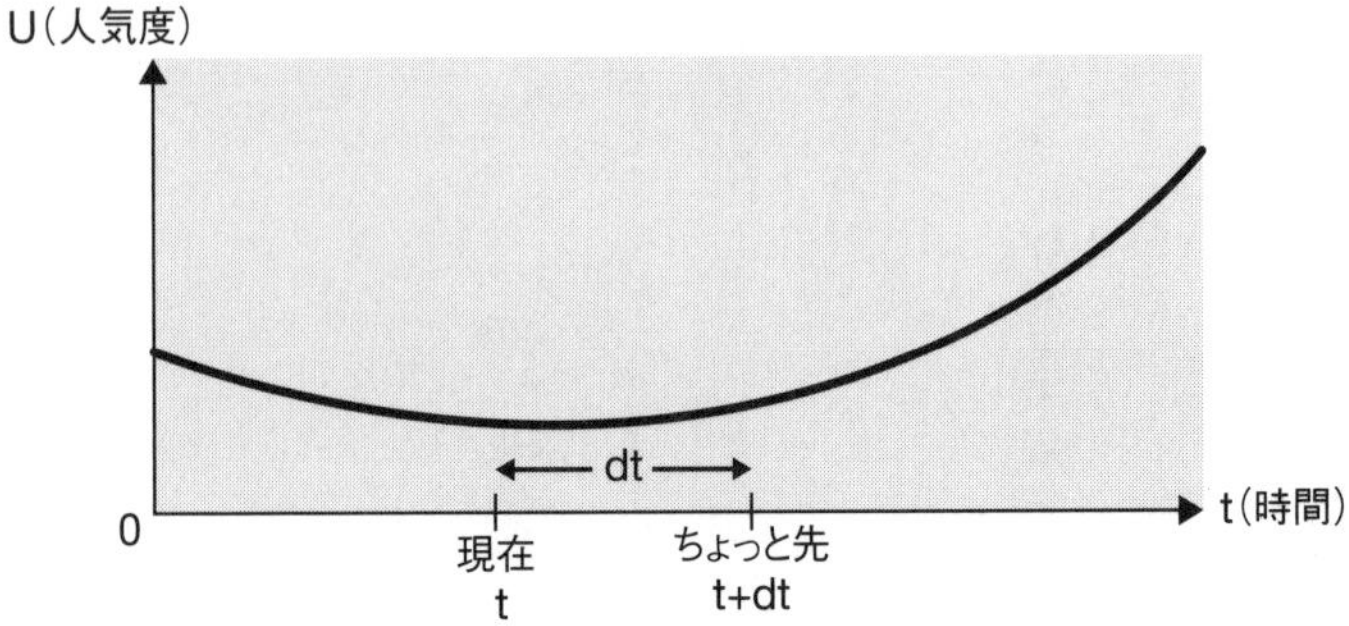

将来を予測するには、このグラフの傾き（dU/dt）が、
時間（t）とともにどう変化するかを表す微分方程式を立てる

出典：西成活裕『とんでもなくおもしろい仕事に役立つ数学』（日経BP）

未来はわかりません。でも、**1秒後は多くの人が予測できると思います。2秒後も多分わかりますよね。そういう短い時間を積み重ねていくのが「微分」の考え方なんです。**そうすると、1秒後の未来は絶対に当たるだろうと。

我々が数学から脱落する理由

堀江▼たぶん、このあたりでわからなくなる人がいっぱいいるんじゃないでしょうか。「微分? ダメだ、わからない」って。

西成▽そうかもしれません。微分というのは「細かく分ける」という意味なんですけどね。

堀江▼それならわかりますよね。高校の数学の先生とかって、そういう風に教えるのが下手なんでしょうね。このグラフだと、現在が「t」という変数で定義されているじゃないですか。でも「t＋dt」ってなった瞬間に、みんな「ん？」ってなっちゃうんです。

西成▼だから「dtは1」だと思って、「1秒後」だと思えばいいんです。

堀江▼僕がわからない人の気持ちを代弁すると、まずその「d」がわからないんだと思います。「dって何？」って思っている人が多いんじゃないですかね。

西成▼dというのは、ゴットフリート・ライプニッツ※という300年前の数学者・哲学者が考えた、単なる記号です。微分って英語で「differential（ディフェレンシャル）」というんですが、その頭文字のdを使っています。そして、このdを使ってちょっとズレた値を「dt」と書きましょう、という単なる英単語だと思ってください。このdtは塊なので、分けたりしない。だから、「dt」を「1」と書いてもいいんです。

※ゴットフリート・ライプニッツは、ドイツの哲学者。数学者。17世紀のさまざまな学問を統一し、体系化しようとした。また、数学の分野では、微積分法の発見、微積分記号の考案、論理計算の創始などの功績をあげている。1646年生まれ。1716年没

堀江▼1秒後だったら1と書く。

西成▽そういうことです。するとと2秒後も3秒後も数式ができます。

「成功する奴はどんどん成功する」プロセス

――では、その数式を使って、次の未来予測についても説明していただけますか。「成功する奴はどんどん成功する」というものです。

西成▼これは簡単な話です。例えば、ネットでバズってこれまでのフォロワー数が1000人だったのが、1秒後に100人増えて1100人になったとします。そして2秒後には1200人になった。すると、そのまま100人ずつ増えていくんじゃないかと思いますよね。でも、200人、400人、800人と掛け算で増えていくかもし

成功者のプロセス

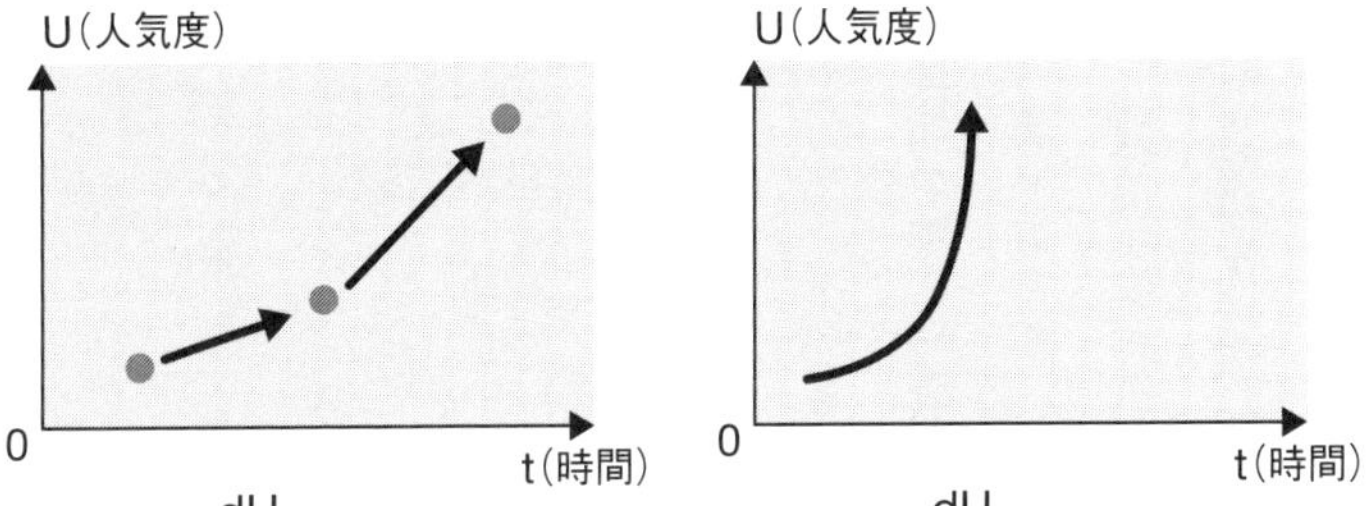

$$\frac{dU}{dt}=U \qquad \frac{dU}{dt}=U^2$$

将来を予測するには、このグラフの傾き（dU/dt）が、時間（t）とともにどう変化するかを表す微分方程式を立てる

出典：西成活裕『とんでもなくおもしろい仕事に役立つ数学』（日経BP）

れない。直線で進んでいくもの（図左）と、倍々で進んでいくもの（図右）では進み方が違います。例えば人気度の伸び方を「t」と「t^2」の2つで比べると、この「2（2乗）」になるのが急成長の条件なんです。未来予測で2乗が出てくると、とんでもないことになります。**さらにヤバいのが「2^t」です。「t（t乗）」は時間のべき乗と言われていますが、いわゆる倍々ゲームです。**例えば「パンデミック（世界的大流行）」。その日、日本中の人間が全員感染症にかかったとしたら、その前日は半分の人しかかかっていません。その前の日は4

分の1です。こうした倍々で進んでいくものが、感染症や金融の世界にはあるんです。

――だから、**景気予測も数式で表せるということなんですね。それが「マルコフチェーン」**という考え方とのことですが、これはなんでしょうか？

西成▼マルコフチェーンも微分と同じ概念だと思ってください。例えば、昨年と今年を比べます。すると景気が上がったか下がったかはわかるじゃないですか。すると、その前の年も含めて2年間景気が上がったのが続いたから、3年目はどうなるかというのがこれまでのデータからわかりますよね。

ある期間の中で過去のデータを見て、将来どうなるかを予測するのがマルコフチェーンという考え方です。微分のもうちょっと大雑把なものです。ただ、実際にはいろいろな要素（政治状況や気候など）があるので、それを入れないとダメです。でも〝**ベースとなるデータは過去をあまり引きずらない**〟と仮定します。

堀江▼過去を引きずらない、というのが、僕にはピンとこないですけどね。

西成▼もちろん少し前の過去は引きずるけど、それ以上前は引きずらない。**あまり過去を考えず、今の状態だけから未来のことを考えよう、というのがマルコフチェーンの考え方なんです。**その意味でこの式はいちばんシンプルな式です。

商品開発やヒットにも生かせる数式

——数式を使って、商品開発もできるんですか？

西成▼例えば、飛行機が飛んでいて突風が吹いたとします。その時に機体が揺れて、どこかに飛んでいっちゃったら危ないですよね。突風が吹いて機体が揺れても元に戻ることが大事です。これを安定性といいます。安定性を保証して飛行機を設計しないといけません。そして、そのベースになっている数式が「$u=u_0+\varepsilon$（イプシロン）」です。このイプシロンが乱れなんです。だから、**何かわからない乱れがあった時に、このイプシ**

ロンが消えるかどうかという計算をします。

堀江▼最終的にイプシロンを消さなければいけないんですよね。

西成▼そうです。イプシロンがゼロになれば、安定だということが言えて、何があっても壊れないだろうと考えられるんです。**ものづくりでは一番大事なことです。**

――ヒットの方程式という研究もされていますよね。

西成▼はい。**どうすればヒットするかという研究**です。これは掛け算の式です。例えばユーチューブで、誰かが面白い発言をして盛り上がる瞬間がありますよね。それをまた別の人が拡散すると、掛け算で一気に広まっていきます。

堀江▼ユーチューブで話題になった切り抜き動画がそうです。切り抜き動画は掛け算で伸びていくんです。切り抜き動画を作る切り抜き者は視聴者の視点で作るので、何が面白いかを知っているんですよ。ユーチューブに出ている人は自分の視点でしか見ていません。切り抜かれることで、**面白さが「自分の視点×視聴者の視点」になって一気に広まるんです**。ただ、とんでもない切り抜きをされないようにチェックする仕組みは必要ですけど。

西成▼数式に掛け算が加わることが大事なんです。

――次に「今後、ウクライナ戦争[※]がどんなタイミングで終わるのか」「ロシアの今後がどうなるのか」。これを数式で解くことはできるんですか。

西成▼モデル化はできると思います。意思決定の理論というのがあるんです。例えば、ある人が「ボタンを押すか、押さないか」という行動に対して、影響しうるものを全部

※ウクライナ戦争とは、ロシアが2022年2月24日に開始したウクライナへの軍事侵攻に端を発した戦争のこと。ウクライナのゼレンスキー大統領は、欧米などの支援を受けてロシアに対抗するが、2024年7月現在も終結していない

書き出していきます。それらひとつひとつを重みづけして、先程の微分みたいに予測するんです。みんなで会議をする時に「一人一人がどういう反論をするか」「この意見は受け入れるか」ということを数式に入れていけば、会議をする前に結論がわかります。でも、それには「完全情報」といって、すべての情報がある必要がありますが、実際の国際問題は裏で何か取り引きをしていたりして、知らない情報が多いですよね。そうなると予測は難しいです。

堀江▼だから、将棋のような「※完全情報ゲーム」か、麻雀のような「※不完全情報ゲーム」か、ということですよね。

国際情勢は不完全情報ゲームだから麻雀みたいなものです。

西成▽その通り。

堀江▼完全情報ゲームの将棋は実力がある人が勝ちますけど、不完全情報ゲームの麻雀

※囲碁や将棋、オセロやチェスなどが完全情報ゲームといわれている。その場の情報やプレイヤーのこれまでの行動などがすべて明らかになっているゲームのこと。麻雀やポーカー、じゃんけんなどが不完全情報ゲームといわれている。その場の情報やプレイヤーのこれまでの行動などが明らかになっていないゲームのこと

は、実力のある人でも短期的に負けたりします。でも、短期的に負けても気にしないでいれば、長期的には実力がある人が勝つ。麻雀も長期的に見ると実力のある人の勝率が高いんですよ。ちなみに、**麻雀が強い人って経営力もあったりします**。不完全情報ゲームであることをある程度、受け入れながら進めることができる。

簡単に言うと、短期的に負けてもイライラしないんです。

「固有値」を知らずに仕事をするなんて！

――ビジネスには「**固有値**」が重要ということですが、これはどういうことですか。

西成▼これは本当に大事だと思っているんですが、ビジネスパーソンで知っている人は少ないですね。**前に対して次が何倍になって成長していくか、というのが固有値です。**その値を知っておくと、将来どうなるのかが非常に予測しやすい。例えば、新聞紙を半分に折る。すると厚さは2倍なので、固有値は2です。それで、もう半分に折る。さらにもう半分に折る。そのようにして、新聞紙を100回折ったらどうなるのか。普通は

固有値を知れば、ビジネスに役立つ？

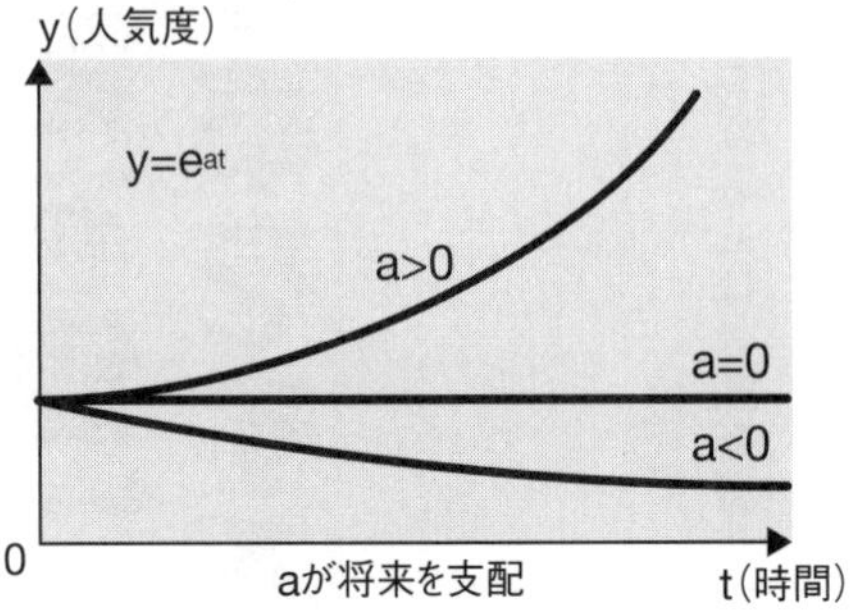

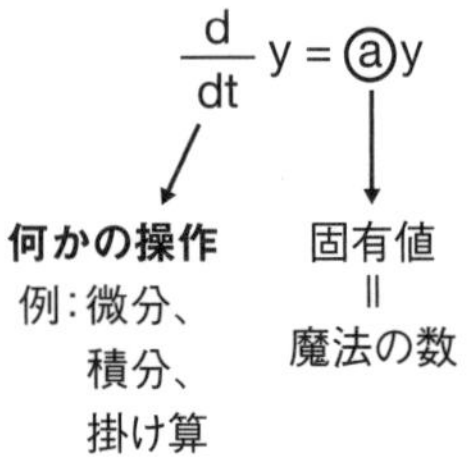

「固有値という概念を知らずして仕事をしているなんて、ナントもったいない」by西成氏

出典：西成活裕『とんでもなくおもしろい仕事に役立つ数学』

硬くなって途中で折れなくなってしまいますが、仮に100回折れたとしたらどれくらいの厚みになると思います？

——100mくらいですか？

西成▼なんとなく想像すると、それくらいのイメージですよね。でも、2の倍、倍で増えていくので、2の100乗ですよ。すると、**答えは140億光年。宇宙の半径くらいの厚さになるんです。**これが先ほどの倍々ゲームの恐ろしさです。

堀江▼この時の固有値が2ということですよね。

西成▽そうです。もうひとつ例を出すと、**複利計算もまさに固有値です**。例えば、「金利が5%だったら、何年後にお金はどれくらいになりますか」という問題は、105%で増えていくので1・05を固有値と考えればよいのです。

堀江▼現代人は複利計算が苦手なんですよね。

西成▽掛け算より複雑ですからね。

堀江▼僕がすごいなと思ったのは、江戸時代って算術士みたいな人がいたじゃないですか。

西成▽和算家※ですね。

※和算とは、中国の数学をもとにして江戸時代に独自の発展を遂げた算術のこと。明治時代になり西洋から数学が入ってきたため、西洋の算術である洋算と区別するために和算と呼んだ。その和算の専門家が和算家

堀江▼はい。江戸時代、※寺子屋みたいなところで庶民に勉強を教えていましたよね。その時は、主に「幾何学」と「数列」を教えていたんです。その頃は、ほとんどが農民だから、毎年、年貢を納めるじゃないですか。だから、田んぼの面積を正確に測ることが重要だった。そのために幾何学を勉強したんです。それから、江戸時代は新田開発が盛んでしたけど、新田開発をするのにお寺からお金を借りていたんです。だから、※複利計算が必要になる。

西成▼いくら返せばいいかわからなくなってしまいますからね。

堀江▼でも、明治時代になって工業化社会になったので、数列よりも微分積分のほうが重要になってしまった。

西成▼豊臣秀吉の家来の曽呂利《そろり》新左衛門《しんざえもん》の話が有名ですよね。秀吉から「褒美を取ら

※寺子屋とは、江戸時代に町人の子供などに読み書きや算盤などを教えた施設のこと。お寺などで教えることが多かったため「寺子屋」と呼ばれている。寺子屋があったことで当時の日本の識字率は世界的に高かった

※複利とは、簡単にいうと利子にもまた利子がつくということ。例えば、100万円で年利2%の場合、1年後は102万円になり、2年後には102万円に2%の利子がつくので、104万400円になる

す。何がいいか」と言われて、「では、初日は米1粒。2日目は2粒。その次の日から倍に倍にしてください。それを1ヶ月ほど」と答えた。秀吉は「欲がないやつだ」と言ったが、1ヶ月後には21億粒で、約800俵になった。ひとりが食べ終わるのに数百年かかる量です。

堀江▼固有値が2ですからね。

コミュ力がアップし、交渉にも強くなる

――「人はなぜ他人から正しく理解されないのか」ということもモデル化できるんですか。

西成▼はい。私は非常に誤解されやすいんです。本を出すと「あいつは、けしからん」みたいに言われて、すぐに炎上します。で、**「どうしたら誤解を解消できるのか」と悩んだ末に生み出したのが誤解のパターンです。**誤解のパターンは簡単にいうと5つあります。まず、自分が思っていることをインテンション（Intention）と言います。これ

コミュニケーションの誤解をモデル化すると？

■情報の伝え手は真意（I）を抱いており、その真意のもとでメッセージ（M）を発する→受け手はMを受け取り、その意味を解釈（V）する

■流れは「I→M→V」となり、最終的にVとIが一致するか否か

「IMV分析」は5通り

1. I=M=V=I
2. I=M≠V≠I
3. I≠M=V≠I
4. I≠M≠V=I
5. I≠M≠V≠I

定理：交渉では最初に会話を切り出したほうが有利になる

出典：西成活裕『とんでもなくおもしろい仕事に役立つ数学』

が「I」です。そして、私が喋っていることはメッセージ（Message）なので「M」です。そのメッセージを受けて皆さんが解釈します。それが見解という意味でビュー（View）の「V」です。このVが、私がもともと思っていたIと同じになるかどうか。「I＝M＝V＝I」になれば、誤解していないということになります。でも、私は思っていることを喋っているとは限りません。嘘を言うこともあります。また、受け取る人もそのまま素直に受け取る場合と「あいつは嘘を喋っている」と受け取る場合があります。そういう組み合わせを全部考えると5つのパターンがあります。

1つめは全部が素直な「I＝M＝V＝I」です。

2つめは、自分は素直に喋っているけれども、相手がそのまま受け取ってくれないパターン「I＝M≠V≠I」。するとMとVが違ってくる。

3つめは、自分は嘘を言っていて、それを相手が素直に受け取ってしまうパターン「I≠M＝V≠I」。これは詐欺師ですね。

4つめは面白くて、自分は嘘を言うんだけれど、相手も嘘じゃないかと思って、意図がわかってしまうパターン「I≠M≠V＝I」。これも詐欺師なんですが、嘘がバレてしまっています。

5つめは全員が酔っ払っているような状態です。会話がめちゃくちゃになってるパターン「I≠M≠V≠I」。こんなふうに誤解を数学的に考えてみました。

堀江▼なるほど。

西成▼このI（思っていること）とV（見解）が入れ替わりながら進んでいくのが会話なんです。そして、わかった定理は**「交渉では最初に会話を切り出したほうが有利になる」というものです。**例えば、値切り交渉。自分は安く買いたい。相手は高く売りたい。その時に、どっちが先に「じゃあ、いくらで」と言い始めるかで値段が変わってきます。最初に言い始めたほうに結果が引っ張られるということが証明できたんです。

堀江▼それは、なんでですか。

西成▼お互いが相手を尊重する人だと、自分と相手の間の金額をとりますよね。例えば、私は「3万円」と言って、堀江さんが「9万円」と言ったら、「じゃあ、間をとって6万円」と進んでいくじゃないですか。その間を取るという操作を見ると、最初にいくらで設定したかで間の取り方がずれるんです。だから、最初に吹っ掛けると自分が有利になるし、吹っ掛けないと相手の値段に引っ張られちゃう。それを数式で解いていくと、最初に切り出したほうの値段に寄るのがわかったんです。ただ、相手が「絶対にまけないよ」と言う場合は違ってきますが、お互いが相手の言い分も聞いて、自分の希望も通したいという場合には成り立ちます。

堀江▼へぇ。いいこと聞きました。こういうふうに「数学は役立つよ」ということがわかると、みんな数学を勉強するモチベーションが上がりますよね。僕はこれまで、数学の先生で面白いと思った人が本当にいないんですよ。だから、数学嫌いになる人が多いんだと思います。

西成▼残念ですね。

堀江▼僕も嫌いでしたもん。僕の中学校1年生の担任の先生が数学担当だったんです。それで、昔、母校にOB訪問するみたいな番組があったので中学校に行ったら、その先生が僕を数学嫌いにさせた授業をやってくれたんですよ。そしたら、「オイラーの公式」

の証明から始まったんです。中1の授業ですよ。

西成▼あれは大学でやるようなものです。

堀江▼その証明を黙々と書き始めて、「何やってんだ？　この人」って思いましたもん。一部の数学マニアみたいな生徒しかついていけないですよ。教育ではない。数学は本当は面白いんですけどね。

西成▼そうなんです。面白いと思います。今回の対談で少しでもその面白さが伝われば嬉しいなと思います。

堀江▼そうですね。固有値の話はよかったですよね。

No.03

動員

月額1万円のコミュニティーに1万人を集めるには

実業家

川村真木子 Makiko Kawamura

Profile

奈良県生まれ。20歳で大阪の公立高校を卒業。奮起し渡米。24歳でUCバークレーを卒業する。卒業後、米投資銀行ゴールドマンサックスを含む外資系金融機関3社で通算20年間在籍する。現在は実業家として、1万人を超えるメンバーを抱える「Holland Village Private Salon」運営のほか、炭酸パック「キャリー」などの開発も手がける。15万人のフォロワーを抱える社会派インスタグラム @makikokawamura_ が人気。一児の母。

番組公開：2023年3月6日

本対談の「魅力あるコミュニティーづくり」から学べるポイント

❶ 高価格帯サロン運営の秘訣

▼意外と気づかれにくい「高年収の女性の抱える孤独」、「仕事ができればできるほど孤独になっていく傾向」にフォーカス。

❷ リスクの取り方

▼変化の早い現代では、失敗してもすぐに上書きできる。そのような状況では「チャレンジしないこと」がむしろリスクとなる。

❸ マネーリテラシーの基礎

▼資産形成と、人生の選択肢を増やすという観点から、「家は買うべき」「保険は入るべき」と川村氏。

▼ほか、インデックス投資を勧める理由も解説。ただし、いちばん大切なのは「自分で考えて行動する」こと。

川村さんは常識にとらわれないけれど、バランスが良くて、行動力がある。

「堀江貴文がやらないこと」をできる、ということ

金泉俊輔（以下、――） 川村真木子さんのオンラインサロン「Holland Village Private Salon」は、**開設からわずか1年で月額1万円の会員を1万人以上集めました。**これはオンラインサロン業界でもトップクラス。また、**会員の97%は女性**とのことです。

川村真木子（以下、川村） ▼なぜ、これだけの人数の会員が集まったかというと、**キャ**

リア志向のある女性やお金を持っている女性は、これまであまり社会の表に出てきませんでした。そんな時に私が積極的に表に出てきてオンラインサロンを開いたことで、たくさんの女性が私に共感してくださったからだと思います。

堀江貴文（以下、堀江）▼女性で川村さんのような立ち位置の人は、これまであまりいませんでしたよね。そして、**僕がやらないことをやっている**。

川村▼そうですね。私のオンラインサロンは金融の勉強がメインですが、それだけではなくて美容やラグジュアリーにフォーカスしたり、みんなで「ミシュランガイド」に載っているレストランに行ったりもします。

堀江▼それに、同好会というか「オンライン・ヨガ教室」みたいなものもたくさんやっていますよね。

Holland Village Private Salon

金融経済知識、美容、ラジオ番組、オンライントレーニングなど多岐に渡り楽しく生きるための情報をシェアするオンラインサロン

■ 2021 年 8 月開設。

■現在、会員は 1 万人以上。

■入会は既存会員からの紹介が条件。

■会員の 97% が女性。25 ～ 44 歳が中心。

■会費は月 1 万円。

■150 以上の「同好会」も特徴。

■毎日配信される「金融勉強コラム」が人気コンテンツ。

■海外留学を希望する学生への「奨学金制度」や起業を志す「海外ホームステイプログラム」などの仕組みも存在。

■「オフ会」では、アクセス困難なお店で河村氏と食事をすることも可能。

■DMM オンラインサロンで「人気 No.1」を 2 年連続獲得。

川村▼はい。そして、そういうクラスには必ずラグジュアリー的な要素をつけるようにしているんです。例えば「トータル・ワークアウト」代表の※池澤智《いけざわとも》先生や美ボディメソッドの「Ｙｕｍｉ Ｃｏｒｅ Ｂｏｄｙ」の※村田友美子《むらたゆみこ》先生、海外の有名なヨガの先生などにレッスンをお願いしています。**今、同好会は国内と海外を合わせると150クラスあるんです。**なぜこんなにあるかというと、今までなかなかつながれなかったバリキャリ女子たち、例えば、ちょっとお洒落でグルメでラグジュアリーな人たちがつながれたことが大きいと思います。そういう人たちが同好会以外にもいろいろ好きなことをやっているのが、多くの人が参加してくださる一番大きな理由だと思います。

堀江▼やっぱり、そういうのがツボにはまるんでしょうね。バリキャリ女子やお金持ちの女性って、圧倒的に少ないんですよ。地方在住だったりするとさらに少ない。

※池澤智は、パーソナルトレーニングジム「トータルワークアウト」の代表。2012年から18年、23年にミス・ユニバース・ジャパンなどのオフィシャルトレーナーに抜擢され、「ボディメイクのカリスマ」と呼ばれている

※村田友美子は、女性らしい曲線ボディをつくるスタジオ「Yumi Core Body」の代表。身体をほぐして、骨を正しい位置に戻し、インナーマッスルを働かせるメソッドが特徴。「くびれ母ちゃんの出せるカラダ」など、くびれ母ちゃんシリーズの著書は累計20万部を突破する人気

オンラインサロンに月1万円出すのは、どんな人？

川村▼そうですね。オンラインサロンに月1万円の会費を支払える人というのは、やはりお金に余裕のある人だと思います。そういう人は、金融業界で働いているキャリア志向のサラリーマンだったりします。それから、私のオンラインサロンには女医さんなども多いんです。女医さんは職場で男性医師の輪に入れず、看護師さんの輪にも入れず、孤立していることがあります。そんな女医さんたちが集まってきて話をしていたりします。

堀江▼なるほどね。

川村▼堀江さんのオンラインサロン「HIU」は、たぶんダイバーズ（多様な人の集まり）だと思います。堀江さんのファンだからということで、頑張って月1万円の会費を支払っている人もいるんじゃないでしょうか。でも、私は堀江さんのように有名人でも芸能人でもないので、私のファンだから頑張ってお金を払うという人よりも、もともとお金を出せる余裕のある人が来ているんだと思います。

堀江▼あと、僕のサロンだと僕に怒られる人もいるわけですよ。優しくすると、誤解をする人が増えていろいろと大変になるんです。

川村▼そうですよね。堀江さんに怒られると怖いです（笑）。私のサロンは97％が女性なので、コミュニティの治安はとてもいいです。ただ、残り3％の男性がたまに悪いことをしようとするんです。お金持ちの女性が集まっているということを聞きつけて入ってくる男性がいたり、コミュニティで何かマーケティングみたいなことをしようとしたりする人もいます。

堀江▼女性の経営者やお金持ちが集まっているコミュニティは少ないですからね。

川村▽一度、手に負えないくらいのアンチの人が出てきて困ったことがありました。不平不満を言い続けたり、悪口を掲示板みたいなところに書き込んだり……。堀江さんのサロンには、そういった人はいませんか？

堀江▼僕は、わけのわからないことを言う奴には「マジで退会処分にするよ」とハッキリ言います。「ここは俺が管理するオンラインサロンだから、俺に文句があるなら出て行け」って。それを前提として入会してもらっていますから。

川村▽怖い怖い（笑）。あと、**仕事ができてお金を持っているバリキャリ女子は社内で**

疎まれることが多いので、仕事ができればできるほど孤独になっていくんですよね。

堀江▼おいしいご飯を食べに行こうと思っても、行く友達がいないとかですよね。例えば、ひとり5万円くらいする料理屋さんには、同年代の女性の友達をなかなか誘えないじゃないですか。でも、川村さんのサロンのメンバーだったら、気軽に誘えますよね。そういうつながりがいいんですよね。

前向きなリスクを取れ

堀江▼川村さんと出会ったのは15年くらい前でしたっけ？

川村▼そうですね。ちょうど私がリーマン・ブラザーズ社からゴールドマン・サックス社に移った頃なので、2008年だと思います。当時、私は堀江さんの大ファンで、ゴールドマン・サックスの上司が堀江さんと知り合いだということで、頼み込んで会わせていただきました。それが最初の出会いです。

――そんな川村さんは、著書『超フレキシブル人生論〝当たり前〟を手放せば人生はもっと豊かになる』（扶桑社）の中で、堀江さんについてこう話しています。「**失敗したと思っても、また違うリスクを取ればいいのです。例えば、堀江貴文さんのように社会から消されそうになった経験がある人でも、勇敢にチャレンジすることを恐れずに前向きなリスクを取ることで、見事に敗者復活している人がたくさんいます**」。

川村▼これは金融業界でもよく言われているんですが、簡単に言うと「リスクを取らないとリターンはない」ということです。何かやる時にリスクを恐れる人は多いと思いますが、堀江さんのように**リスクがあることをわかったうえでやりたいことをいろいろやっていれば、いつかはリターンがあるというメッセージです**。

堀江▼何かをやった時に失敗することはあるかもしれないけれど、今は時代の変化が速いので、それを上書きできる世の中になっているんです。これは高度情報化社会になったことがすごく影響しています。例えば、昔の村社会だと、噂や風評などで一度悪いレッテルが貼られてしまうと、そこからなかなか復活できなかった。下手をすると「責任を取って切腹しろ」みたいなことを言われていたかもしれない。でも、今はそんな時代ではない。**だったら、逆にチャレンジしないほうがリスクになるんです**。しかし、そういう価値観はまだまだ普及していない。そこで、僕の本などを読んでいる人はリスクを取ってどんどんチャレンジして、それなりに成功している人が多くなっている。川村さんもそのひとりじゃないですかね。それに、川村さんはなんか〝グリグリゴリゴリ〟したパワーもあるし。

川村▼え、私、グリグリゴリゴリですか（笑）。

堀江▼見た目はソフトなんだけど、パワーがある感じなんですよ。

川村▼外資金融で働いていると、なかなか運動する機会がないんです。でも、堀江さんは昔から「運動をしろ」と言っていたじゃないですか。それで、パーソナル・トレーニングの「トータル・ワークアウト」などで運動を始めたんです。そうしたら体力がだんだんついてきたんです。

堀江▼運動の重要性は20代の時はわからないんですよ。20代だと運動をしなくても体力はあるし、筋肉も柔らかいし、体調も悪くならない。でも30代後半くらいから、かなり体力が落ちてくるんです。**だから、その前から運動習慣をつけておいたほうがいい。これは、後からかなり効いてくるんです。**

「30歳でボーナス3億円」の世界へ

――実は、川村さんは波乱万丈の人生を送っています。川村さんは、東大阪の高校に入学しますが、当時、暴走族の彼氏と交際していて窃盗や暴走行為などで補導歴もあります。

川村▼私は東大阪の偏差値40台の公立高校に通っていて、とにかくやさぐれていました。だから学校にも行かず、家出をしたりもしていました。でも、高校3年生の時に「このまま受験しても、いい大学には行けない」という現実に気づいたというか、突きつけられたんです。だったら、英語ができればなんとか生きていけるかなと思って、親に頼んでアメリカの高校に行かせてもらったんです。

堀江▼アメリカの高校はどうでした？

川村▼日本では落ちこぼれだった私ですが、アメリカの高校の勉強は意外と簡単に感じました。そして高校を卒業して日本に帰ってきて、関西学院大学を受験して合格しました。でも、私はもうアメリカの自由な生活を経験してしまったので、日本の大学の勉強が窮屈だったんです。それでアメリカに戻って、カリフォルニア大学バークレー校に入り直したんです。

堀江▼そして、卒業してリーマン・ブラザーズに？

川村▼はい。アメリカに住んでいると、やはり「お金はとても大切だ」ということを実感するんです。資本主義がすごく進んだアメリカ社会で、お金があるかないかはとても重要です。お金を持っていないと住む地域は治安が悪いところになりますし、健康にも影響があります。だから、大学を卒業する時に「じゃあ、どの業界に入れば一番お金がもらえるか」と考えたら、金融業界でした。それで最初にゴールドマン・サックスを受けたんですが、落ちてしまったので、リーマン・ブラザーズに入りました。それでも、当時は30歳くらいの先輩がボーナスとして3億円くらいもらっている時代でした。

堀江▼で、その後、ゴールドマン・サックスに転職した。

川村▼はい。2009年にリーマン・ブラザーズが破綻する3ヶ月くらい前にゴールドマン・サックスに移りました。この頃に堀江さんとお会いしたんです。

堀江▼そうですよね。僕が仲良くさせてもらっている川村さんの上司と、川村さんと、川村さんの後輩と僕の4人でご飯を食べに行ったんです。それで、ちょっと失礼かもし

ゴールドマン・サックス時代の川村流営業術

■相手の話を聞くのが９割。

■ 鬼チェースが基本（P.102 参照）。

■ 自分のためにしてもらう。

■ グローバルな観点からの交渉術。

■ みんなと同じサービスはしない。

■ 自分の言葉で話す。

■ 相手のいいところを見つける。

れませんが、川村さんの後輩よりも川村さんのほうが若く見えた。だから「何かしてるんですか？」って聞いたら「月に2回、美容のために韓国に行っています」みたいなことを言ってた。それで、美容にめちゃくちゃお金かけてる人なんだと興味を持ったんですよ。

川村▼バリキャリ女子って、美容を諦めて髪を振り乱して、とにかく男性に負けないように仕事をしなきゃダメみたいな時代がすごく長かったじゃないですか。そうすると、若い子は「私、そんなことできない」って思っちゃう。でも、私は仕事も頑張るし、美容も頑張る。そして、おいしいグルメを食べに行くし、ゴルフにも行く。「楽しく仕事をしよう」ということを心がけていたんです。

堀江▼あと、川村さんは**自分ができないことは割り切って、ちゃんと人に頼みますよね。**

川村▼はい。実は、私はかなりファッションセンスがないんです（笑）。だから、2週間に1回、お友達のスタイリストと一緒にお買い物に行って、私の体型に合う服を選んでもらって買っています。お洋服は自分では選ばないことにしているんです（笑）。

データ・ファクト・歴史を重視せよ

堀江▼僕の本をちゃんと読んで、実際にやってくれる人ってなかなかいないんですよ。でも、川村さんは気持ちいいくらいやってくれる。それも変な妄信とかじゃなくて、ロジカルに考えて、きちんと理由をわかってやってくれている。だから、ちょっと嬉しくなっちゃうんですよね。

川村▼ゴールドマン・サックスの元同僚とか、私の周りにいる人は堀江さんのファンが多いですよ。堀江さんが言っていることって、ちょっと外国人っぽいんです。それで外資系企業で働く人は共感する部分が多いんじゃないですかね。

堀江▼逆に言うと、日本の大企業の中でうまくやっていくには、僕の考え方では難しい部分があるんだと思います。僕の言っていることをやると、ちょっと変な方向に行っているように見えるかもしれないから。

川村▼堀江さんの発想は、すごく自由なんですよ。私がアメリカに留学した時「**日本の常識だけがすべてではない。常識って破ってもいいんだ**」と初めて気づきました。例えば、「日本だと会議などで発言しない、よほど素晴らしい質問じゃないと手を挙げて聞かない」みたいな暗黙のルールがありますが、これは破っていいルール、むしろ破らなきゃいけないルールですね。発言しないと、海外では「会議に出る意味ない」って不気味がられます。

私はスタッフに「**ルールに縛られず、状況に応じて柔軟に対応すること**」を強調しています。「その時できる最大のサービス」を提供し、「時にルールは破ってもいい」と考えます。サービスに「愛」を込めることが重要で、これがビジネスの成功につながると信じています。

こういったことを、堀江さんは初めからわかっていた。常識をいい意味で破っていくんです。堀江さんは常識に囚われない人ですよね。

堀江▼僕はデータしか信用しないんです。データがあって、ファクト（事実）があって、それに従ってやっているだけ。あとは歴史。先人のやってきたことを学ぶと、いろいろなことがわかります。例えば、日本は第二次世界大戦前、戦費調達のために政府が郵便貯金をすごく推奨した時期がありました。だから今でも、投資より貯蓄と考える人が多い。でも、日露戦争の戦費は国債で調達しているんですよ。それも欧米に売りさばいている。日本は、昔はベンチャー国家みたいな感じでした。だって、**明治維新の頃、初代総理大臣の伊藤博文はまだ20代ですよ。**そして、総理になった時は40代。若いからパワーもあった。そして、留学して得た新しい知識をどんどん日本に取り入れていった。

川村▽そうだったんですね。

堀江▼それに、日本はもともと先進的な金融国家だったんです。だって、先物取引を世界で最初にやったのは江戸時代（1730年）の大坂の堂島米会所※ですよ。デリバティブ取引で有名な米シカゴのマーカンタイル取引所には「このシステムは大坂の堂島で開発されたものです」と書かれたプレートがちゃんとあります。他にもアービトラージ※（裁定取引）もやっていた。当時、大坂の米相場をできるだけ速く江戸に伝えるために、のろしを使っていたんです。のろしの上げ方で相場の上げ下げを伝えていた。だから、大坂から江戸まで米相場が1時間くらいで伝わりました。でも、第二次世界大戦のための戦費調達や戦後に財閥が解体されたことなどで、金融に対する考え方がだいぶ変わってしまった。そういう目で見ると、日本は戦後に今のような形になっただけで、戦前は全然違っていたんです。

※堂島米市場とは、1730年に大坂・堂島に開設された江戸時代最大のお米の取引所。ここでは米との交換を約束する米切手を売買する「正米商い」と、米の取引銘柄を帳簿上で売買する「帳合米商い」が行なわれていて、日本の取引所の起源とされている

※アービトラージとは、市場の価格差を利用して利益を得る売買方法

川村▼なるほど。

堀江▼他にもLGBTという言葉も欧米から入ってきましたが、江戸時代までの日本は、性的マイノリティーに対してめちゃくちゃ寛容な国でした。でも、明治維新が起きて西洋の文化を取り入れることになった時、キリスト教の考え方も入ってきて、同性愛はダメだという雰囲気になった。男女の混浴も廃止された。このように歴史から学ぶことはたくさんあるんです。

川村▼堀江さんは、歴史からもたくさん学んでいるんでしょうけど、それに加えて行動力がすごいんですよね。知識と行動力の両方を持っている人はなかなかいません。

堀江▼そうですね。行動することで成功した部分は大きいし、行動する人は失敗を失敗と思わないから、いろんなことにチャレンジして、いつか成功することはあります。

「なんか変な言葉」をつくれる才能

川村▼私は「行動する」ということを堀江さんから学んだんですよ。私の書いた『超フレキシブル人生論』に「**営業は鬼チェース（追いかけ）**」ということが書いてありますが、営業マンは自分の足で追いかけたり、行動したりしないとどうにもならない部分があります。金融業界には頭のいい人が多く、行動する前にいろいろ考えてしまいがちです。でも、机の上でだけ考えていても営業はできません。

堀江▼川村さんは「鬼チェース」とか、**なんか引っかかる言葉をつくるのがうまい**んですよね。これは大事なことで、聞きなれない言葉を聞くと「なんだ、それ」と気になっちゃう。僕もなんか変な言葉をつくるのがうまいんですよ。

川村▼ありがとうございます（笑）。堀江さんは名（迷）言集とかありますもんね。

堀江▼だって、鬼チェースって、聞いたらなかなか忘れないでしょ。僕が編集者だったら「鬼チェースの営業術」みたいな本をすぐにつくっちゃいますよ。

金融最前線から見た、お金の増やし方

――金融業界で活躍していた川村さんなので、ぜひ、お金の増やし方や投資術についてもお伺いしたいと思っています。川村さんは「家は買う派」「保険は入っておいたほうがいい派」ですよね。

川村▼ここは堀江さんと完全に意見が分かれるところなんです。資本主義は、最終的には株主が儲かる仕組みになっていますし、資産の価値は上がっていく仕組みになっていると私は思います。そう考えると、**若いうちに家を買っておくと資産形成がやりやす**

い。例えば、30歳で買った家は、60歳になったときに倍になっているかもしれません。堀江さんは「家を買うとライフスタイルが縛られる」と言いますが、それはその通りです。ですから、**家を買う時は必ず流動性の高いものを選びます。そして、人に貸しやすいものを買う**。そうすると、自分が使わない時は人に貸しておいて、自分が貧乏になった時には住む家があるという2パターンの選択肢が得られる。なので、家は買ったほうがいいと私は思います。

堀江▼ほうほう。

川村▼それから、**保険は若いうちに入っておくと、今、自分が持っているお金を思い切り使えるというメリットがあります**。「将来、病気になるかもしれない」と思ってみなさんお金を貯めがちですが、今持っているお金は、将来、得られるお金よりも価値が高いと思います。だから、若い時にはお金をどんどん使って、いろいろな経験や資産形成をしてほしいんです。そのためには、保険に入っておいたほうが安心できると思います。

川村流・投資術

■「家は買う派」。ローンは組めるだけ組む。

■ 保険は「入っておいた方がいい派」。

■ 不動産投資するなら自分も住める物件から。

■ 為替分散は実際に使う通貨から。

■ 仮想通貨は「誰にも分からない地球の未来」に夢を託して投資しているイメージ。

堀江▼保険に入ったほうがいいというのは、マインドの問題ですよね。だから、そのマインドを変えればいいんじゃないかと僕は思ってしまいます。家の話も、家を持っていると金融機関がお金を貸してくれやすいということでしょ。すると借りたお金で投資ができるから資産形成がしやすくなる。よく、都心にある中古のワンルームマンションとかは資産形成しやすいということで、不動産投資をしている人も多いですよね。でも、だったら**僕はそれをベンチャー投資に回したほうがいいと思うし、なんなら自分で会社を作ったほうが早いと**

思うから、起業をおすすめしているんです。だから、すべてマインドの問題で、家を買ったり保険に入ったりしたほうが安心できると思う人が多いってことでしょ。

川村▼そうですね。でも、堀江さんはご自分が天才肌なので、今、おっしゃっていることとは大衆向けじゃないと思うんですよ。

堀江▼それはわかります。だから、川村さんのサロンは人気があって、たくさんの人が入るんですよ。で、僕のサロンは頭打ちになってしまう（笑）。

——今からでもおすすめできる資産運用とかありますか？

川村▼今は相場がすごく調整（短期的に上昇したり下降したり）しているので、タイミング的にはインデックス投資※でいいと思います。

でも、皆さん、ご自分で考えて行動してくださいね。先ほども申し上げましたが、資

※株価指数と連動するように投資をする方法

本主義社会である以上、長期的に見ると株式の市場はどんどん拡大していくはずなんです。なので、ある程度、株式に投資をしておくのは大きなリスクヘッジになります。逆に貯蓄しか持っていないということは非常に大きなリスクです。理由は、日本にいるとあまり感じないかもしれませんが、世界はものすごくインフレになっているからです。

堀江▼川村さんが今すごくバリキャリ女子にウケている理由が、この対談でわかりましたよ。**常識に囚われないけれど、バランスが良くて、行動力がある。**川村さんの考えに共感してくれる人が多くなったほうがいいと思うので、これからも頑張ってください。

No.04

身体性

忙しい人ほど
自然を感じたほうがいい理由

株式会社ヤマップ　代表取締役 CEO

春山慶彦 Yoshihiko Haruyama

Profile

1980 年福岡県生まれ。同志社大学法学部卒業後、アラスカ大学フェアバンクス校野生動物学部を中退。株式会社ユーラシア旅行社『風の旅人』編集部に約 3 年勤務。退職後にスペインの巡礼路カミーノ・デ・サンティアゴ 1,200km を歩く。帰国後、自然や風土の豊かさを再発見する仕組みをつくるべく 2013 年 3 月に登山・アウトドアアプリ「YAMAP（ヤマップ）」をリリース。2024 年 5 月時点でアプリのダウンロード数は 440 万を超え、国内最大の登山・アウトドアプラットフォームとなっている。

番組公開：2023 年 1 月 9 日

本対談の「身体性」から学べるポイント

❶ 人間の原点に立ち返る

▼「他者の生命をいただいて生きる」というビジネス以前の人間の原点に気づく。

▼そこから視野を広げ、「歩くことと経済」の関係性が示されていく。

❷ 革新的なアプリの誕生秘話

▼電波が届かない登山中、地図アプリの青い点が動くのを見て、「事前に地図データを保存すればGPSとして使える」と気づく。

▼ここから、ニーズの発見、既存の技術と市場の隙間、データの重要性が導かれる。

❸ 自然との触れ合いによるリフレッシュ

▼忙しいビジネスパーソンほど、自然と触れ合うことで心身をリセットすることが重要。

▼登山であれば、比較的得意／不得意の差が少ないため、初心者にもハードルが低い。

問題解決能力は大事。その意味で、例えばアドベンチャーレースって、問題解決を迫られることが多いんです。

堀江貴文、「世界一死者が多い山」で死にかける

金泉俊輔（以下、――） 今回は「株式会社ヤマップ」代表取締役CEOの春山慶彦さんにお越しいただきました。

堀江貴文（以下、堀江） ▼僕は沢登りを始めて6、7年になるんですけど、最初に僕たちのチームを率いていたリーダーがアナログな人で、「このへんかなぁ」とか言ってわりと適当に登っていくんですよ。それで沢筋をひとつ間違えたりして、何回も死にかけ

ました。※谷川岳《たにがわだけ》って、山登りをしない人はわからないと思うんですけど、かなりヤバい山なんですよ。

春山慶彦（以下、春山）▽はい。**世界で一番死者が多い山です。**

堀江▼ですよね。だから沢を登っていると、なんか嫌な感じがするんです。しかも、5月に行ったのでまだ雪が残っていて、岩肌がつるつるしていて滑りやすいんですよ。滝があったりもして、水量が少ない時はそれほど怖くないんですが、雪解け水なんかもあって水量が多かった。

そのアナログなリーダーと行った最後のヤバい沢登りが、※大崩山《おおくえやま》なんですけど……。大崩山は岩肌が露出した超ヤバい山なんです。その中にある祝子川《ほうりがわ》の沢登りをしようとする前に「ＹＡＭＡＰ」（ヤマップ／現在地と登山ルートがわかるアプリ）を見つけて、僕だけダウンロードしたんです。今はもう、ＹＡＭＡＰがないと沢登りとか怖いですもん。

※谷川岳は、群馬県と新潟県の県境にある山。標高１９７７ｍ。ロッククライミングの聖地として人気の「一ノ倉沢」という断崖絶壁の難所での事故発生が多い

※大崩山は、宮崎県延岡市にある標高１６４４ｍの山。切り立った岩壁や渓谷があり、原生林が広がっていて、特別天然記念物のニホンカモシカなどが生息しているため〝九州最後の秘境〟と呼ばれている。２０１７年にユネスコのエコパークに登録された

春山▼ありがとうございます。堀江さんは、たぶんかなりレベルの高い沢登りをされていると思うんですが、山登りなど自然を相手にする場合、美しさと危険は紙一重だったりするんですよね。

原点はイヌイットとのクジラ猟

――そんな春山さんは、同志社大学在学中に登山を始めます。卒業後は米国アラスカ大学フェアバンクス校の野生動物学部に入学し、先住民のイヌイットの人たちと一緒に行動していました。春山さんがアラスカの大学に行こうと思ったのは、どういう理由からなんですか？

春山▼理由はふたつあります。ひとつは、大学時代に写真家の※星野道夫《ほしのみちお》さんの写真と文章に出会って感動したからです。星野さんはアラスカを中心に活動されていたので、自

※星野道夫は、千葉県出身の写真家、冒険家。大学卒業後、動物写真家の田中常光のアシスタントを2年ほど務めた後、アラスカ大学に入学。1990年に「Alaska 風のような物語」で第15回木村伊兵衛写真賞を受賞。1952年生まれ。1996年没

分もアラスカに行ってみたいと思いました。もうひとつは、「**人間の原点は、他者の生命をいただいて生きること**」だと思っていて、狩猟を経験したかったんです。それで、狩猟文化が今でも残っている場所はどこだろうと考えた時に、アラスカが思い浮かびました。アラスカに住みながら、イヌイット※の方たちのクジラ猟やアザラシ猟に同行させていただいたんです。その時に獲物の捌き方、どの部位が食べられるか、どの部位は道具に使えるかなどを教えてもらいました。とても貴重な経験になりました。

堀江▼すごい経験ですよね。

春山▼イヌイットの村も近代化しているのは興味深かったです。猟で獲物が獲れた時はアザラシやクジラ、カリブーなどを食べるんですが、獲物が獲れない時はイヌイットの人たちもポテトやハンバーグなどを食べていました。イヌイットの人たちにとって、狩猟はアイデンティティー（存在証明）の営みのひとつで、猟の時、村の人たちが特に活き活きしていたのは印象的でした。

※エスキモーは、カナダ北部やアラスカなどの北米大陸に起源を持つ先住民族のグループのひとつ。エスキモーも先住民族だが、イヌイットとは別のグループに分けられている。オットセイやセイウチ、クジラなどを捕まえて食べるのが伝統的な食生活となっている

歩く行為と経済はつながっている

――あと、スペイン・サンティアゴの巡礼を通して「歩く」という行為の大切さに気づかれたとか？

春山▼北スペインに「カミーノ・デ・サンティアゴ」※という美しい巡礼路があります。2010年にその巡礼路1200㎞を60日間かけて歩きました。これも本がきっかけなんですが、ブラジル出身の小説家パウロ・コエーリョさんの『星の巡礼』（1987年）や『アルケミスト―夢を旅した少年―』（1988年）がすごく好きで、その舞台と

※カミーノ・デ・サンティアゴは、「Camino de Santiago」と書く。直訳するとサンティアゴへの道で、カトリックの聖地である「サンティアゴ・デ・コンポステーラ教会への巡礼路」の意味となる。1993年に道として初めて世界遺産に登録された。年間35万人以上が歩くといわれている

なっている「カミーノ・デ・サンティアゴ」を自分の足で歩いてみたかったんです。実際に歩いてみると**「歩く旅は、こんなにも地域を豊かにするのか」ということに気づきました**。

多くの人が1日に歩ける距離は、約20kmから25kmです。それもあって、巡礼路には約20kmごとに小さな町があります。**「カミーノ・デ・サンティアゴ」には世界中から何十万人という人がやってくるので、道中にある町の経済に巡礼者も貢献しています**。マドリッドやバルセロナといった大都市へ出稼ぎに行かなくても、自分が好きな小さな町で暮らしていけるんです。これは素晴らしいことだと思いました。日本でもこうした歩く旅がもっと根づいてもいいと思ったんです。日本は四国遍路※や熊野古道など、もともと歩く旅が栄えていた国ですから。

堀江▼東海道五十三次※とか、たくさんの宿場町がありましたからね。

春山▼そうです。日本には歩く旅の素地がもともとあるんです。

※四国遍路は、四国にある弘法大師ゆかりのある88ヶ所の寺院などを巡礼すること。「四国巡礼」や「四国八十八か所巡り」などと呼ぶこともある、また、四国巡礼者を「お遍路さん」とも呼ぶ。すべての札所を回るのに徒歩だと40日くらいかかるといわれている

※東海道五十三次は、江戸時代に整備された五街道のひとつで、その東海道にある53の宿場町のこと。江戸から京までの距離は約480kmで、浮世絵師の歌川広重が53の宿場町や名所などを描いた浮世絵が有名。また、俳句や和歌などにも多く取り上げられている

堀江▼四国遍路はわりとメジャーなので経済も成り立っていると思いますけど、熊野古道※はこれからですかね。

春山▼日本で上質な歩く旅を経験できるのは、登山道を除くと熊野古道だと思います。

熊野古道を歩くのは、日本人よりも海外の人が多いんです。コロナ前は、9割くらいが海外の人でした。「カミーノ・デ・サンティアゴ」の終点であるサンティアゴ・デ・コンポステーラ教会に行くと「あなたは『カミーノ・デ・サンティアゴ』をちゃんと100km以上歩きました」という巡礼証明書をもらえるんです。その時に「日本にも同じような道があるよ」と熊野古道のパンフレットをもらいました（笑）。

実は、世界遺産に登録された関係で、熊野古道の人と「カミーノ・デ・サンティアゴ」の人が協力しているみたいなんです。そのパンフレットの効果もあって「カミーノ・デ・サンティアゴ」を歩いた人が「日本にも素晴らしい歩く道があるのか」と熊野古道に来るようになったんです。

※熊野古道は、三重県の伊勢神宮から、熊野三山（熊野速玉大社、熊野本宮大社、熊野那智大社）を詣でる道のことで、6つのルートがある。道中には江戸時代に敷かれた石畳や樹齢800年以上の大樹などがあり、2004年に世界遺産に登録されている

日本人が気づいていない自然の価値

堀江▼日本って、世界遺産に登録され始めた時期が、他の国に比べて遅いんですよ。世界遺産は1978年から登録され始めましたけど（エクアドルのガラパゴス諸島や西ドイツのアーヘン大聖堂などが世界遺産に登録された）、日本初の世界自然遺産登録は1993年です。

春山▼そうですね。世界自然遺産としては、※屋久島《やくしま》と※白神山地《しらかみさんち》が最初に登録されました。

※屋久島は、鹿児島県の南約60㎞にある周囲130㎞の島。島の約9割が森林といわれている。島にある1000年以上の杉を「屋久杉」と呼び、確認されている中で最大級の老大木を「縄文杉」という。縄文杉の樹齢は2000年以上とされている。1993年に世界遺産に登録された

※白神山地は、青森県南西部と秋田県北西部にまたがる約13万ヘクタールに及ぶ広大な山岳地帯の総称。人の影響をほとんど受けていない原生的なブナの天然木が世界最大級の規模で分布している貴重な地域。1993年に世界遺産に登録された

堀江▼だから、日本人って世界遺産にあんまり興味がないんですよ。なんでだと思います？　これは逆説的なんですが、自然が豊かだからなんですよ。

春山▽おっしゃる通り、日本のように自然が豊かな場所は稀有だと思います。でも、日本人にとってはそれが当たり前だから、その価値に気づいていないんですよね。

堀江▼そう。**自然が豊かではない国にとって、豊かな自然はものすごく重要なので、その価値に気づくんです**。でも、日本は自然が豊かすぎて気づかないんです。僕も沢登りをしていて、初めて日本の自然のすごさに気づきました。

鹿児島県の屋久島に宮之浦岳《みやのうらだけ》という標高2000m弱の山があって、登山道の最初の小屋が「淀川小屋《よどごうごや》」というんです。その淀川小屋の横には淀川という川が流れているんですが、**淀川を沢登りすると、日本の素晴らしい自然が全部詰まっている〝盆栽〟みたいな場所に着くんですよ**。ここが、すごく素敵な場所なんです。でも、多くの人は知らない。みんな屋久島というと縄文杉を見に行っちゃうんです。でも、日本にはまだまだ見つかっていない素敵な場所がたくさんあるんです。それに、どこに行っても大体1500年くらいの歴史があります。

春山▼あるドイツ人の登山家が、こんなことを言っていました。彼は四国を回っていたんですが、「日本の山は面白い。山頂に行くとお地蔵さんや祠《ほこら》など、祈りの場所が必ずと言っていいほどある。人と山の暮らしがここまで近い場所は見たことがない」と。それを聞いて「なるほど」と思ったんです。「山・自然」というものさしだけで測ると、世界最高峰のエベレストがすごいということになる。けれども、そこにある「文化」「歴史」「暮らし」などを組み合わせていくと、日本の山は世界的に見ても、とてもユニークな風土と文化が築かれている場所なんです。

聖なる山の山頂にあった衝撃の光景

堀江▼僕の好きな映画に『劒岳 点の記』（2009年公開）という作品があるんです。原作は新田《にった》次郎《じろう》さんの小説です。劒岳は富山県の立山連峰にある標高2999mの山で、明治時代に近代的な地図を作ろうということで、劒岳の山頂に測量の基準点となる三角点（経度、緯度、標高の基準となる点）を測量隊が設置しに行くという話です。でも、劒岳は地元では聖なる山として崇められていて、「山を荒らすな！」みたいな反対が起こったりします。それを押し切って測量隊が山頂に登ると、**山頂にはすでに行者が持っている杖のようなものが刺さっていて、それを年代**

測定したら平安時代のものだった。

春山▼すごいお話ですよね。

堀江▼剱岳は鎖場といって、安全確保の目的で鎖が取り付けられていて、それをつかみながら登る崖みたいな場所もたくさんあります。**一般登山道としてはすごく難易度の高い山なんですけど、平安時代に行者はすでにそこを登っていた。**だから、日本人は昔から、山とのつながりが深いんです。

春山▼「死者は山に還る」とかって言いますよね。日本人にとって山は、聖なる場所であり、魂が還る場所と捉えていたんじゃないかと思います。

堀江▼そこに神道や仏教が融合して文化が生まれた。例えば、山形県の月山《がっさん》。

春山▼出羽三山ですね。

堀江▼出羽三山は山岳信仰の山として知られていて、平安時代から山が開拓されていたんですよ。僕も登ったことがありますが「こんな山奥によくこんなものを造ったな」みたいな場所があるんです。この間は、和歌山県の高野山《こうやさん》に行きましたが、高野山もすごいですよね。

春山▼高野山は、霊性が色濃く残っている貴重な場所ですね。

日本社会の課題は、身体を使っていないこと

——春山さんはアラスカ大学を中退して帰国。雑誌『風の旅人』編集部に勤務し、その後独立。2013年にYAMAPをリリースしました。

春山▼YAMAPをリリースしようと思ったきっかけは、2011年の5月に大分県の九重《くじゅう》連山を歩いていた時でした。携帯電話の電波がつながらない場所でしたが、ふと地図アプリ（グーグルマップ）を開いたんです。すると、真っ白い画面上に青い点が映っていただけで、「やっぱり、電波が届かないとスマホは使えないんだなあ」と思いまし

た。その1時間後くらいにまた地図アプリを開いた時、真っ白な画面は変わらないんだけど、青い点だけは移動していたんです。そこで「**そうか。自分の位置情報は宇宙にある人工衛星から拾っているので、山の中であろうと海外であろうと、受信できるんだ。でも、地図データは携帯の電波が届かないと表示できない。だったら、地図データをスマホに前もって保存していれば、スマホを登山用GPSとして使えるんじゃないか**」と気づいたんです。そしてYAMAPを作り始めました。僕はそれまでウェブサービスとかアプリケーションサービスに関わったことはまったくなかったんですが。

堀江▼でも、そういう人が思いつくんですよ。

春山▽YAMAPを作ろうと思ったもうひとつのきっかけは、同じ年の3月11日に起きた東日本大震災と福島第一原子力発電所の事故です。とんでもない時代に私たちは生きていると思いました。1945年に人類で初めて原爆が落とされたこの国で、66年後、今度は自分たちがつくった仕組みで被曝し、故郷を離れざるを得ない人たちがいる。けれど、起きてしまったことをなかったことにはできない。この経験を自分なりに咀嚼し、想いを事業に込めて社会に届けることはできないかと考えました。いろいろ考えた末、**日本人の最大の課題は身体を使っていないことにあると思うようになりました。** 農業や漁業、林業などの第一次産業に従事している人たちは、日本の就労人口の中で200万人を切っています。これはつまり、日常的に自然の中で身体を動かしている人たちが減っているということです。**自然から離れがちになってしまったために、自分たちにとって大切な風土や環境に対して鈍感になってしまっている。** では、どうやったら、都市と自然をつなぐことができるか。都市に住む人たちが自然や風土を知るきっかけをつくるにはどうしたらよいのか。そう考えた時、**登山やアウトドアという回路だったら、都会にいる人たちが自然に足を運ぶきっかけがつくりやすいし、身体を動かせるし、多くの人が自然を楽しむ機会を今以上につくることができるのではないか。** そう思ってYAMAPを立ち上げました。

諸悪の根源は体育!?

堀江▼日本人って、学校に行っているあいだは体育の時間とかがあって、身体をよく動かしているけれど、社会人になると途端に動かさなくなるんです。僕は、それは運動を詰め込みすぎたせいだと思っているんです。運動にもいろいろな競技があるじゃないですか。例えば球技。僕は、球技はめちゃくちゃ不得意なんですよ。動体視力があまりよくなくて、ボールが見えないんです。でも、ゴルフはボールが止まっているからできる。格闘技もまあまあできる。あと、持久力を使うアドベンチャーレース※なども好きです。だから、持久力系のスポーツだけやりたいと思うんだけど、学校だとやらせてくれ

※山、川、海などをトレッキング、マウンテンバイク、カヤックなどのアウトドア種目でゴールを目指す競技

「YAMAP」アプリのダウンロード数推移

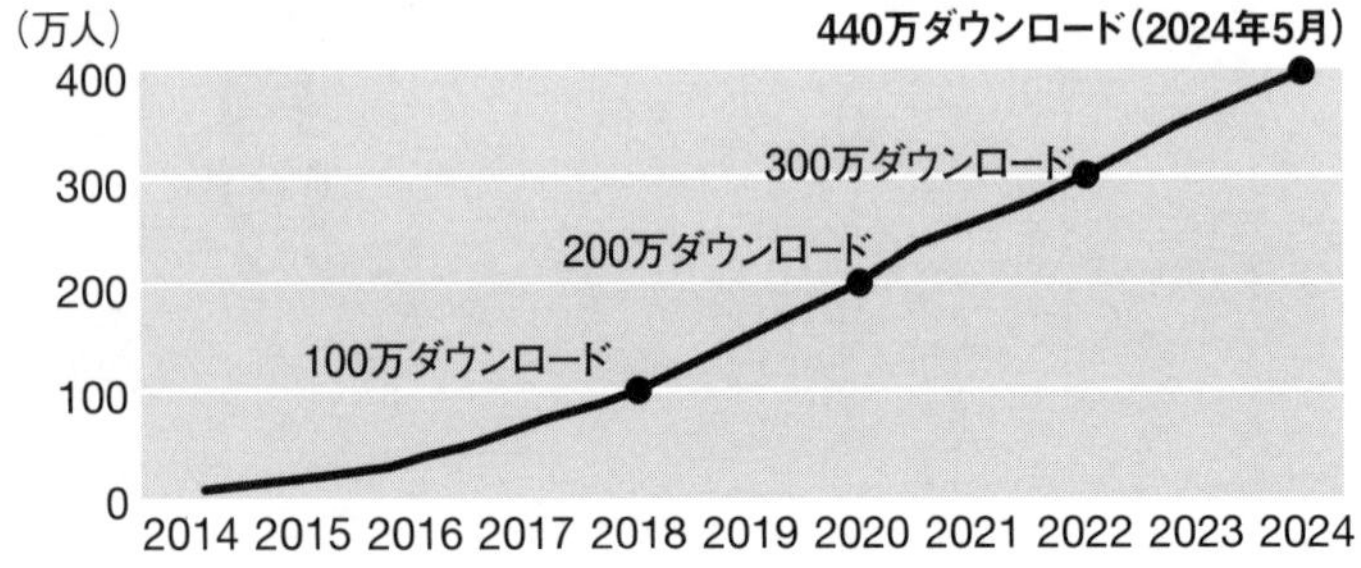

アプリのダウンロードは、国内登山人口650万人の半数以上。月間アクティブユーザ数は、アプリ70万人、ウェブ197万人

ない。不得意な球技とかもやらされる。そのせいで運動が嫌いになるんだと思います。でも、登山だったら歩くだけです。だから、中高年でも趣味にしている人が多い。健康寿命を延ばすためにも、そのきっかけを与えることは重要だと思いますね。

春山▼そうですね。実際、**日本の登山人口は600~700万人と言われていて、50代以上が6割くらいを占めています**。登山人口の約半数以上に相当する方々にYAMAPをダウンロードいただいています。なぜ、これだけの登山者の方にYAMAPが受け入れられているのかは、携帯電話の電波が届かない山の中でも自分の位置がわかる、というツール的な利便性に加えて、コミュニティの機能を組み入れていることが大きな理由だと考えています。例えば堀江さんが山に行った時に「こういう沢を登ってきました」「ここが危ないです」「ここが撮影ポイントです」といった、山を楽しんだ記録をＹＡＭＡＰ上で共有できる機能です。ウィキペディアのように、集合知で山の情報の精度が高まっていく。このコミュニティ機能が、多くの登山者がＹＡＭＡＰを利用してくださっている大きな理由だと考えています。

堀江▼僕もコミュニティ機能を使って行く場所をよく探していますよ。この人たちが、このルートをこの時間で行けるなら、僕たちはこれくらいの時間がかかるかな、とか調べられるのが便利です。

「YAMAP」アプリのコミュニティ機能

YAMAPには登山仲間や山友達と交流ができるコミュニティ機能が備わっている。

自然との接点をどう増やすか

春山▼堀江さんにお聞きしたいことがあるんですが、沢登りや登山を始められた最初のきっかけってなんですか？　最初のきっかけがつらいものだった場合、その後なかなか続かないケースを見てきました。僕らＹＡＭＡＰは最初の接点やきっかけをどう作っていけばいいのかという課題があるんです。

堀江▼僕はもともと田舎者なので、日本の里山の良さは小さい頃から知っていました。それで、沢登りを始めたきっかけは、サバイバルゲームを一緒にやっている友人が「沢登りは楽しいよ」みたいな話をして、僕が「面白そうだね」って言ったら「明日、行くんで一緒に行こう」と言われ、ノリで始めたんです。その時に行ったのは神奈川県の丹《たん》沢《ざわ》でした。夏だったんですけど、沢登りは水場をバシャバシャ登るので気持ち良かった。それに2、3mの高さから川に飛び込めるポイントがあったり、天然のウォータースライダーみたいな場所もあったりした。とても綺麗な滝もあって楽しかったんです。

今はどんどんバージョンアップしていて、沢登りでキャンプしたり、ヤマメやイワナ釣りをしたりしています。シーズン中に多い時は7、8回行くんじゃないかな。

春山▼忙しいビジネスパーソンこそ、登山や沢登りなどの自然経験は重要です。ストレスも減るし、何より無心になれますから。

堀江▼そうですね。僕はスマホで仕事ができるので、どこにいてもいいんです。どこにいてもいいなら、気持ちいい場所にいたほうがいいじゃないですか。人と会うには大都市が便利だけど、人と会う必要がない時は地方にいたほうが楽しいんですよ。だから、何時間か沢登りして、その後はホテルで仕事、みたいなことをやっています。

春山▼今は、そういうことができる環境になってきましたよね。やはり、堀江さんみたいに幼少期に自然経験のある人は「こういう自然の世界があったな」という感覚があるので始めやすいと思うんです。でも、幼少期に自然経験がなく、都会でばかり遊んでいた人たちにはその選択肢すらない。それはもったいないと思います。僕は学校でスポーツを教えるだけではなく、山を歩いたり、キャンプに行ったりする時間をもっとたくさん作るべきだと思います。それも学校の先生と行くのではなく、山岳ガイドや山に慣れた人と少人数で行く。そうするとかなり充実した自然経験ができるはずです。

堀江▼そういう時間をもっと作ったほうがいいですね。今の学校教育は知識の詰め込み型教育じゃないですか。でも、知識は検索すればわかることが多い。それよりも、問題解決能力のほうが大事だと思うんです。**データはある、検索する端末もある。では、それらの道具を使って、どう問題を解決するのか**。そっちのほうが実際の社会で生きていくのに大事なことだと思うんです。でも、そういうことはあまり教えていないですよね。例えば、**アドベンチャーレースって、問題解決を迫られることが多いんです**。山の中でGPSが使えない状況で、どうやってチェックポイントにたどり着くのか。しかも、4人くらいのチームを組んでいるので、大体ケンカになる。

春山▼ケンカになりますね（笑）。

堀江▼すると、リーダーシップが大事になってきて、リーダーがきちんと仕切っているチームは強い。学校ではそういう教育もしてほしいですね。

春山▼そうですね。**コロナを経験して、社会全体が外（自然）へ開いていく時代になったと思います**。働く場所がビルの中だけでなく、自然の中にも移ってきている。学びも教室の中だけでなく、自然のほうへ拓いていっていいのではないか。さまざまなことを感じ学ぶには、自然は最高の教室だと思うんです。

堀江▼本当にそうですね。

春山▼僕は、悩んでいる時とか、ちょっと疲れているなと感じた時こそ自然の中で身体を動かすようにしています。すると、本当にスッキリする。その後お風呂やサウナに入ると身体がリセットされる感じがあります。山を歩いた後はぐっすり眠ることができるし、翌日、頭がクリアになっています。ですから、**悩んでいる時や大事なことを考えなければいけない時は、騙されたと思って山を歩いてみてください**。山を歩いた後の身体や頭の状態をぜひ、皆さんご自身で確かめてほしいです。

2024年5月に、日本全国の流域を可視化した「YAMAP流域地図」をリリースしました。

「流域」とは「雨水が川に集まる大地の地形」を指します。私たちが暮らしている大地を含め、地球上のほぼすべての場所は、流域で捉えることができます。都道府県や市町村といった人間が作った行政区分ではなく、水の流れを基礎とした生命圏の区分が流域です。その流域をわかりやすく視覚化したのが、今回の「YAMAP流域地図」です。さらに、水害および土砂災害のリスクを重ね合わせ、デジタルハザードマップとしても利用できます。

流域地図で知り得た源流の山に自分の足で登り、普段暮らしている街を山から見下ろしてみる。すでに登ったことがある方も、**流域という観点をたずさえて、歩き慣れた源流の山に登ってみると、山の見方や住んでいる街の捉え方に変化があるかもしれません**。都会にいる人たちが、流域地図を見て山や自然とのつながりを再認識し、源流の山へ足を運ぶ。流域地図が、そのようなきっかけになればと思っています。YAMAP流域地図で、自分が住んでいる場所がどういった地域なのか、ぜひ確かめてみてください。

No.05

逆境

炎上、コスト高、人手不足を乗り越えた敵なし経営力

株式会社FOOD & LIFE COMPANIES
代表取締役社長 CEO

水留浩一 Koichi Mizutome

Profile

1968年、神奈川県生まれ。1991年に東京大学理学部を卒業後、電通（現・電通グループ）に入社。その後、アンダーセンコンサルティング（現・アクセンチュア）やローランド・ベルガーの日本法人代表取締役を歴任。2009年には企業再生支援機構（現・地域経済活性化支援機構）の常務取締役として日本航空の取締役副社長を務め、京セラの稲盛和夫名誉会長とともに再建に尽力した。2013年にワールド取締役専務執行役員、2015年にはスシローグローバルホールディングス（現・FOOD & LIFE COMPANIES）の代表取締役社長 CEO に就任。

番組公開：2023年5月15日

本対談の「スシローの強さ」から学べるポイント

❶ 炎上の予測不可能性

▼SNSトラブルはビジネスにつきものだが、構造的な問題によりリスクをゼロにはできない。現場のスタッフも疲弊する。

▼しかし意外にも、世間からは応援の声が多く生まれ、感謝のキャンペーンを行なうまでに至った。

❷ 海外展開の戦略

▼スシローの海外進出において重視されたのが「日本と同じものを出す」こと。

▼海外だからといってメニューをローカライズすると、むしろ失敗してしまう。

❸ コスパの秘密

▼スシローの強みの一つは、その安さ。セルフサービスを積極的に取り入れることで、人件費や手間賃を抑えている。

▼ただし、迷惑動画などのリスクを考えると、さらなる変革も必要。その後、新たなDXのアイデアも形になった。

炎上と応援はコインの裏表。SNS時代の企業経営って、そこが結構大事じゃないですか。

1000億超の上振れ！改革と再建の方法

金泉俊輔（以下、――） 今回は回転寿司チェーン「スシロー」などを運営する「FOOD & LIFE COMPANIES」代表取締役社長CEOの水留浩一さんにお越しいただきました。

堀江貴文（以下、堀江） ▼JAL[※]の再建って面白かったですか？

※水留氏は2009年に「企業再生支援機構」の常務取締役になり、日本航空（JAL）の取締役副社長として「京セラ」の稲盛和夫名誉会長とともに再建に従事。稲盛和夫は、鹿児島県出身の実業家で、「京セラ」「第二電電（現「KDDI」）の創業者。〝経営の神様〟と呼ばれ、2010年に経営破綻した「日本航空」の会長に無報酬で就任し、再建した。1932年生まれ、2022年没

水留浩一（以下、水留）▽振り返れば、面白かったですよ。やっている時はバタバタでしたけどね。

堀江▼ＪＡＬは会社更生法を申請して潰れたじゃないですか。そうすると、社内の抵抗はそこまでのものでもなかったんですか？

水留▽そうですね。ただ、みんな頑張ってくれるんですけど、もともと身についているものはなかなか変わらない。そこの意識改革が稲盛さんはすごかったです。

ＪＡＬの皆さんは、良くも悪くも自分の仕事に自信があり、エリート意識も持っています。もちろん会社が倒産したので、そんなことにこだわっている場合ではないのですが、外部から入った我々機構のチームに対しても、稲盛さんのチームに対しても、最初は面従腹背（表向きは服従して裏では反抗すること）的なところはあったと思います。

航空事業を知らない素人に何ができるのか、って思ったでしょうね。

ただ、**機構は数字とロジックで詰めるし、稲盛さんのチームは、京セラ流のフィロソ**

フィー教育や業績報告会議で徹底的に節約意識を高め、無駄をとことんなくしていくことに注力してもらったと思います。

結果として、**初年度から我々が計画した利益が1000億円以上、上に振れましたから、その効果は絶大だったと思います。**誰よりもJALの人たちがその効果に驚いたのではないでしょうか。

堀江▼スシローにはどういう経緯で入ったんですか？

水留▼当時は「ペルミラ・アドバイザーズ（Permira Advisers）」というイギリスの投資ファンドがスシローを持っていたんです。それで企業価値を上げてエグジット（投資回収）したいという依頼を受けたので入りました。それで2年かけて再上場させてエグジットしたので、そのファンドはハッピーにいなくなりましたよ。

堀江▼どんなことをしたんですか？

水留▼別に難しいことをしたわけではなくて、「ファンドにずっといられたら困るでしょ」って言って、**適材適所に配置をして、「方向はこっちだよ」って示した。それで「じゃあ、みんなで頑張ろうね」って言うだけです。**

堀江▼それでうまくいくもんなんですか。うまくいかない場合もあるじゃないですか。何が違うんですかね。

水留▼それは〝**現場とか一緒にやっている人に対するリスペクトがあるかないか**〟だと思います。外から来て、上から目線で「あれやれ」「これやれ」と言われても、みんな「ふざけんな」って思うだけですよ。

あの迷惑動画事件から学んだこと

――回転寿司チェーン店では、迷惑動画の投稿が相次ぎました。※スシローも2023年1月に醤油の注ぎ口や湯呑みをなめたり、寿司に唾液をつけるなどの動画がSNSにアップされました。

水留▼これは回転寿司だけじゃなくて、外食産業全体の課題です。性善説に基づいてテーブルにお醤油やガリなどを置いているわけです。こうした「みんなが共有するものは、みんなが常識的に取り扱うものだ」という前提で商売が成り立っています。その前

※2023年1月に回転寿司チェーンの「スシロー岐阜正木店」で、男性客がテーブルに置いてある醤油ボトルの注ぎ口や湯呑み茶碗を舐めたりしている動画をSNSにアップした。すると、スシローのイメージダウンにつながり、同社の株が一時、168億円以上下落（株価はその後、回復）。スシローは加害者に対して「厳正に対処する」と被害届を提出。また、約6700万円の損害賠償を求めて民事訴訟を起こした（その後、和解して損害賠償請求を取り下げた）。一方で、事件後に「スシローを救いたい」という声がスシローファンから上がり、スシローでおいしく食べている動画などがアップされる動きもあった

提を崩すようなことがあると、皆さん安心して食事ができなくなります。

堀江▼これ、どうやって対策しようと考えたんですか。

水留▼湯呑みなどは一度全部撤去して、お客様のところにお配りするようにしました。でも、そうするとスタッフの労力が余計にかかる。一時的にはその労力は受け入れざるを得ないんですが、それをずっとやっていくとコストの問題になってくるので、例えば、入口のところに置いて、お客様が入店した時に必要な分だけセルフサービス的に持っていってもらう、といった形にしました。

堀江▼そういった対策はできるでしょうけど、一番コントロールしにくいのは炎上ですよね。**僕はたくさん炎上しているんですけれど、マジョリティーの人たちの心の揺れって予測不可能な部分があるじゃないですか**。例えば、僕がプロ野球※に参入しようとした時に負けたんですよ。すると「ホリエ

※プロ野球の近鉄バファローズとオリックス・ブルーウェーブが2004年に合併する際、球団数が合併によってひとつ減るため、当時ライブドアの社長だった堀江貴文氏が「新球団を作ってプロ野球に参入する」と発表した。その後、楽天もプロ野球への新規参入を発表し、ライブドアと楽天で新球団を争うことになる。その後のプロ野球オーナー会議で、新規参入は楽天に決定。仙台を本拠地にする「東北楽天イーグルス」が誕生した。ちなみにライブドアが参入できた時の球団名は「ライブドア・フェニックス」だった

モンは頑張ってプロ野球界を救おうとしたのに、三木谷に最後持っていかれてかわいそうだ」とか、めちゃくちゃ同情されました。だから、スシローの迷惑動画事件は経営的には打撃だけど、その後「#スシローを救いたい」のハッシュタグがSNSに上がったりするみたいに、いろんな人たちが応援動画とかを上げるわけじゃないですか。「今こそスシローに行こう」みたいに盛り上がる。その辺をどう考えているのかなと。

水留▼「スシローを救おう」みたいなムーブメントが起きた時は、非常に嬉しかったです。「同じ思いを持ってる人がたくさんいるんだ」ということに感謝して、それで10%オフをやらせていただいたんですよ。

SNS時代の企業経営のリスク

堀江▼でも、炎上と応援はコインの裏表じゃないですけど、対応を一歩間違えると大変なことになる。SNS時代の企業経営って、そこが結構大事じゃないですか。

水留▼そうですね。例えば「生ビールジョッキ半額キャンペーン」というのをやった時、「行ったのにやってないじゃないか」と炎上したことがありました。やっていなかったことについては「本当に申し訳ありません」としか言えないんですが、時間帯でいうと99%以上はご提供させていただいているんです。でも、売り切れちゃったり、機械が壊れていたりする場合がある。たまたま、そこに当たってしまったお客様に対しては「大変申し訳ありません」という気持ちはあるんですけど、一方で「そこまで批判されることなのかな」という気持ちも少しはあります。

堀江▼でも、それはもう受け入れるしかないですよね。スシローの生ビールジョッキ半額キャンペーンで、「ビールサーバーが壊れていたらしょうがないよね」とほとんどの人は思うだろうけど、世の中にはそういう感覚が欠如している人がいて、その人がブチ切れてSNSに投稿をする。すると「スシロー炎上してんじゃん。俺も参加してみよっかな」くらいの気持ちで拡散する。で、みんな「なんだよ、生ビール半額って言ってるのに、半額になってないじゃん。ズルしてんじゃん」みたいな感じで見るわけです。だから、ビールサーバーがたまたま壊れていただけなのに大炎上しちゃう。そんな人たち、対策しようがないじゃないですか。迷惑動画の人だって、あんな人自体は昔からいたと僕は思うんですよ。でも、今はネットで拡散できちゃうから、すごく大変になっている。

──迷惑動画もビールも、SNSの後にテレビのワイドショーがすごく後追い取材をしていましたよね。

水留▼今のテレビメディアはネット迎合型なんです。ネットでちょっと騒ぎがあるとそれをファクト（事実）のように取り上げる。だから「もう少しちゃんと調べてほしいな」という気持ちはあります。

堀江▼それも構造的な問題があるんですよ。2011年に「セシウムさん騒動」※というのがありました。東海テレビの『ぴーかんテレビ』という番組で、外部の制作会社スタッフがリハーサル用に作った「怪しいお米セシウムさん」というテロップが本番で流れてしまったんですよね。流したのは局の社員だったみたいですが、テレビ局の労働環境ってかなりブラックだと思んですよ。そういう状況だとミスが起きやすかったりもするし、加えて派遣のADさんなんかは給料がすごく安いとも聞いていますす。そんな環境

※2011年8月、東海テレビの番組「ぴーかんテレビ」で、不適切な内容のテロップが流れた問題。番組内の通販コーナーで、岩手県産のお米の当選者の名前を発表する際に「怪しいお米セシウムさん　汚染されたお米セシウムさん」という不適切な内容のテロップ流れた。原因はリハーサル用に「怪しいお米セシウムさん」などと仮に文字を入れていて、それが操作ミスで流れてしまったためだという。その後、視聴者などから東海テレビに批判が寄せられ、東海テレビは謝罪。番組は打ち切られ、検証番組「検証　ぴーかんテレビ不適切放送〜なぜ私たちは間違いを犯したのか〜」が放送された

だと、きちんとしたリサーチなんかできなかったりする。地方局とか特にそうだと思いますよ。すると、ネットのフェイクニュースに近いものをただ増幅して垂れ流すようになる。それに対して、まともな商売をしている上場企業が対応していくのは、かなりの無理ゲーだと思いますよ。

水留▼なかなか難しいですよね。

堀江▼例えば、自動車メーカーの「トヨタ」は、対抗策として「トヨタイムズ」※というオウンドメディアを持って発信していますよね。少なくとも一次情報に関しては自分たちが出すと。それに対して反論なり検証なりは勝手にしてくださいというスタンスです。そのように自ら発信していくしかないかもしれませんね。

※トヨタイムズは、トヨタ自動車が2019年から始めたオウンドメディア。ネットなどを通じてトヨタのニュースを独自に伝えている。2022年にテレビ朝日で「報道ステーション」などを担当していた富川悠太アナウンサーがトヨタ自動車所属のジャーナリストになり話題となった

世界展開でも敵なしの戦術に迫る

堀江▼回転寿司業界についてお聞きしたいんですけど、今、世界的な寿司ブームじゃないですか。世界展開という意味で、日本の回転寿司以外にライバルになるような勢力ってあるんですか？

水留▽**おかげさまで今は敵がいない状態ではあります**。海外の現地で似たような回転寿司をやっている企業はありますが、今は海外の人も寿司に対する舌が肥えてきています。だから、味の違いもわかってくれるんです。

堀江▼ということは、**海外市場がこれからは大きな伸びしろになっていくわけですね。**

水留▽そうですね。例えば、日本のスシローの店は平均すると月に大体3000万円くらいの売上があって、12、13％の利益が出ているんです。一方で、香港のスシローの店は月の売上が平均すると大体7500万円から8000万円くらいで、利益率25％くらいです。**1店舗で比べると日本の2倍くらいの利益を生んでいます**。経営者としては、やはり投資効率のいいところに展開しようと思いますよね。

堀江▼しかも、回転寿司で使う魚はグローバルに調達していますよね。

水留▽日本のスシローは、約7割が海外から食材を仕入れているので、同じ食材がそのまま海外でも使えるという状況にはなります。

F&LCの海外展開（2024年6月末時点）

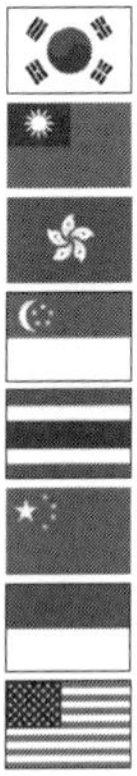

韓国　9店舗
台湾　42店舗
香港　35店舗
シンガポール　10店舗
タイ　25店舗
中国大陸　42店舗
インドネシア　2店舗
米国　1店舗

※くら寿司はアメリカで46店舗、台湾で49店舗経営（2023年4月末時点）。

堀江▼これは、すごい伸びしろですね。

水留▽そうですね。海外の店も日本の店とまったく同じメニュー作りを目指しているんです。もちろん、地域の制約によって多少は変わりますけど、まったく同じものを目指すことをゴールにしています。現地の人たちは〝日本のお寿司〟を食べに来ているわけです。ローカルフードを食べに来るわけではありません。だから「日本とまったく変わらないお寿司」もしくは「日本より良いお寿司を提供します」というほうが現地の人は喜んでくれるんです。

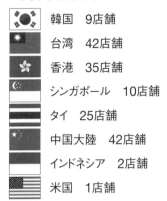

堀江▼あと、特にスシローがそうなんですけど、日本は単品文化でラーメン屋さんに行ったらラーメンと餃子くらいしかないけれど、海外のラーメンレストランはラーメン以外のサイドメニューがたくさんありますよね。いろんなものを食べたがる。だから、サイドメニューが豊富なスシローは、そのまま海外展開できますよ。

水留▼そうですね。子供さんが一番喜んでくれます。好きなものを好きなだけ食べられるし、ジュースもデザートもある。ひとり3万円も4万円もする高いお寿司屋さんは大体おまかせスタイルで、コースで出てくることが多いですよね。でも、僕はお寿司屋さんというのは本来、お好みで食べる世界だと思うんです。「これください」と言って、自分の食べたいものを注文する。「今日は何がおいしいんですか?」と聞いてそれを頼む。これがファストフードとしての寿司屋の一番の魅力だと思っています。今、それを再現しているのが回転寿司で、たくさんあるメニューの中からタッチパネルで好きなものだけを注文できるんです。

人件費と手間賃を抑える、という戦略の限界

——他にスシローの強みって何があるんですか？

水留▼それはお客様からしたらコストパフォーマンスです。食材の価格が一番クオリティを左右します。例えば、原価が50円の商品だったら、普通はそれを150円とか200円で売るわけです。そうじゃないと商売として成立しない。でも、スシローはそれを100円とか120円で売らせていただく。なぜ、それができるかというと、**お客様にセルフでやっていただく部分があって、そういう部分の人件費や手間賃を抑えてい**

るからです。回転寿司が進化してきた一番大きなポイントは、そこだったんです。でも、先ほどの動画のような事件が起こってしまうと、何か違う方法を考えないといけない。現在ではまだ数店舗の実験レベルではありますが、2023年9月、「DigitalSushiroVision（通称：デジロー）」というシステムを開発しました。**これにより、テーブル幅いっぱいの特大タッチパネルを設置して画面上でお寿司を流して、バーチャルに回転寿司を楽しんでもらったり、何皿か頼むとゲームが始まって、当たったらうちのキャラクターの「だっこずし」アイテムをもらえたりするようになりました。**これが本当に大好評なので、今後国内外に展開したいと思っています。これまではリアルにお寿司を流すことによって食材ロスも出ていたので、そういう面でも**環境に優しいしコスト削減にもつながります。**

――回転寿司が回転する意味は、人件費削減のためだったんですか。

水留▼そうです。「これを握って」と言われてから握るのではなく、ある程度、みなさんが食べそうなものをあらかじめ握って流すことで、職人さんが握る効率を上げるというところから始まりました。それにお寿司が回っていると単純に楽しいでしょ。子供さんは回っているお皿を取るのがすごく好きだし、喜んでくれます。だから、コロナ禍があったことから、回ってくるお寿司を取ることに抵抗を感じるお客様がいることは十分承知していますが、できる限りお皿を回すのは残しておきたいという気持ちはあります。

――DX化にも取り組んでいるんですよね。

水留▼僕がスシローに入った時に、お客様に「スシローに来ない理由はなんですか？」と聞いたことがあるんです。すると、一番の理由は「**待つのが嫌だから**」ということでした。お店に行くと60分とか90分のウェイティングになるんです。でも、今はスマートフォンもどんどん進化しているので、アプリを作ってスマホで予約してウェイティングすることができるようになりました。それで「そろそろ呼ばれます」と通知が来たらお店に来ていただいて、5分とか10分で入れる。そうすると、従来は待っているだけだった60分とか90分を、お客様が有効に使えますよね。また、お会計の時にレジの前で並ぶのは嫌じゃないですか。でも、セルフレジがあれば自分で会計ができる。そういった形でお客様のストレスを減らしながら、人がやっていた作業をオートメーション化するということでＤＸ化を進めています。

堀江▼そういうのって、当たり前と言えば当たり前だと思うんですけど、飲食業界の人ってなんでやらないんですか。店の前でお客さんが並んでいるのを見て、なんでＤＸ化しないんだろうと思ったりするんですよ。

水留▼やらない原因のひとつは、設備投資するという概念があまりないからです。あと自社開発するとなると、ある程度の規模がないとできません。まあ、並ばせているのがカッコいいという経営者もいますからね。

誰でも活躍できるのが外食産業

堀江▼コロナ禍の時にも政治に現状改善を働きかけることもやっていなかったですよね。

水留▼それは、まとまらないからですよ。外食産業って、15兆円とか20兆円のマーケットサイズではあるんですが、**一番売上の多い会社でも1兆円に満たないんです。**数千億円が最大です。うちが3000億円くらいで、その下は数百億円の世界があって、ご家族だけでやっているような店もある。だから、求めるものがみんな違うので、まとまりがつかないというのがあります。

堀江▼僕も飲食業界に関わっているので「もっと政治に提言しましょうよ」って話をしたら「お前がやってくれよ」と言われて「ちょっと待って、俺に言わせるんですか」みたいになりました（笑）。

水留▼僕もそうですよ。外食産業の経営仲間と話をしていると「政治に働きかけたほうがいいよね」「じゃあ、お前やってくれ」って言われるので、「僕は嫌だよ」ってなります（笑）。

堀江▼飲食業界がまとまっていないから、どういう問題があるのか政治家が知らないんですよ。でも、何も言わないと対策を取ってくれません。「中堅の非上場の会社なんか、これくらいの補助金で生き残れるわけないじゃないですか」って言えば、動いたかもしれませんよ。

水留▼言ってはいたんです。言ってはいたんですけど、わかってくれる政治家が多かったとは思いません。僕は飲食業界って、社会にとってすごく大事だと思っているんです。もちろん「食を提供する」ということも大事ですが、「雇用を作る」という意味でも大事なんです。

言葉を選ばずに言うと、エリートじゃない人たちも努力すれば活躍できるのが飲食業界なんです。セーフティーネット的な大事さがある。それを政治家や官僚の人たちが、どれくらい理解しているのかが疑問です。

堀江▼それは本当にそうです。官僚になったり経営者をやっているエリートの人たちって、中学受験をして同じような人たちとしか交流がないから、世の中にエリート以外の人がいることを忘れちゃっているんです。だから、そういう人たちがどうやって生きているのか想像ができない。

水留▼うちのお店でパートで働いてくださっている方の中には、いろいろな事情を抱えている方がたくさんいます。そういう方の生活がかかっているので、人件費などのコストを落とすことはなかなかできないんです。そこが非常に難しいところです。

貧乏になっていく日本……逆風にどう抗うか

――ウクライナ戦争によるエネルギー価格の高騰、輸送コストの高騰、魚の価格の高騰、人手不足の深刻化など難しい課題がたくさんあると思うのですが、そのあたりはどのように対処していくのでしょうか。

水留▼これは外食産業だけでなく、日本社会全体の課題だと思います。人手不足などはオートメーション化などで対策を取っていかなければいけません。でも、一番の問題は日本が貧乏になっていることだと思います。個人の平均所得は世界とどんどん差がついている。海外から食材を買い付けてくる時に、購買力が弱ければ、当然いい食材は買えません。ですから、日本は「おいしいものを安く食べられる」時代ではなくなっているということです。日本人の所得を上げていく方向に舵を切らない限りダメだと思います。

堀江▼海外は伸びますからね。

水留▽今、うちの日本の郊外のお店だと一皿120円がベースの値段になっているんです。でも、シンガポールだと270円なんですよ。タイのバンコクでも160円くらいです。**日本よりも安い国はありません**。結局、価格に反映できないとビジネスとしては成立しない。でも、そこでうちが120円から130円に値上げしたとしても、お客様は非常に敏感に反応するので、10円上げただけで売上が変わってしまうんです。もうひとつは、うちが130円に値上げした時に、競合の回転寿司チェーン店さんが同じように値段を上げてくるのかということもあります。だから、値上げは難しいんです。

堀江▼正直、**バンコクの都市圏は日本の地方よりも豊かですよ**。なんなら、東京よりも価格の高い飲食店が普通にあります。

水留▼中国でも普通に160円、170円で売っていますから。日本も150円とか160円で売らないといけない構造になっているんだけれども、そこに消費者がついてこないんですよね。

堀江▼人口減で経済がシュリンク（減少）していますからね。

水留▼人口だけは一気に増えないですからね。

堀江▼飲食業界は、いろいろと難しい問題もありますが、一緒に頑張りましょう。

No.06

再建

元専業主婦の社長が選んだ、“戦わない”戦い方

ドムドムフードサービス代表取締役社長

藤﨑忍 Shinobu Fujisaki

Profile

1966年東京都生まれ。青山学院女子短期大学卒業後、専業主婦として過ごす。39歳の時に友人の母親が経営する渋谷109内のブティックに店長として入社し、専務取締役を経て2010年に退職。ニュー新橋ビルの小料理店でアルバイトを経験し、2011年には居酒屋を開業。2017年にドムドムフードサービスに入社、翌年代表取締役社長に就任。著書に『ドムドムの逆襲 39歳まで主婦だった私の「思いやり」経営戦略』と『藤﨑流 関係力』がある。

番組公開：2022年9月26日

本対談の「ドムドム再建」から学べるポイント

❶ 得意を生かせば、何歳からでも武器になる

▼藤崎氏は39歳までは専業主婦だった。そこから働き始めて「心を込めた料理」を徹底し、起業にまでつなげた。

❷ 「愛される」ことの重要性

▼業界最大手のマクドナルドとは最初から戦おうと考えていない。「ドムドムハンバーガーを本当に好きな人」と密な関係を持つことを目指している。

▼SNSのフォロワー数にもとらわれず、ひとりひとりとしっかり交流している。

▼ECショップの成長など、しっかりと成果にも結び付いている。

❸ 成長を目的にしなくてもいい

▼同様に「成長が目的ではない」のも、同社の大きな特徴。

▼同社がもっとも重視するのは「お客様が本当に喜ぶことはなんなのか」。そのうえで、潰れない経営を目指していく。

ドムドムハンバーガーはなんでもやるのがすごいですね。ぜひWAGYUMAFIAともコラボしましょう。1万円ハンバーガーを作りましょう。

「心を尽くす」とはどういうことか

金泉俊輔（以下、——） 今回は「株式会社ドムドムフードサービス」の藤崎忍社長をお迎えしています。藤崎さんは39歳まで専業主婦でしたが、ご主人が病気で倒れたため「SHIBUYA 109」[※]のショップ店員として働き始めました。そして、44歳で居酒屋を開業。その居酒屋が人気店となり、腕を見込まれて50歳でドムドムハンバーガーのメニュー開発顧問になり、9ヶ月後に社長に就任しました。

※SHIBUYA109は、1979年にオープンした東京・渋谷の道玄坂下にある商業施設。「109」（いちまるきゅー）から「マルキュー」と呼ばれている。10代から20代前半向けのテナントが多く、平成時代には「ギャル文化の聖地」と言われていた

堀江▼居酒屋さんは自分で作ったんですか？

藤崎▼はい。経緯としては、突然「109」を辞めなくてはいけなくなったんです。でも、私には何のスキルもありませんでした。それで、自分の得意なことを活かそうと思った時、39歳まで主婦だったから「お料理ならできる」と。それで、東京・新橋《しんばし》の小料理店でアルバイトを始めました。すると、4ヶ月後くらいに常連のお客さんから「斜め前にお店を開くからやってみたら？」と誘われたんですが、当時の私は109で起業をしたかったのでお断りしました。でも、よく考えたら109は当時すごく人気があってなかなか出店できなかった。だったら、先に居酒屋で起業を経験しようと思ったんです。それに、当時の私には重い病気を患っている夫と、大学に通う息子がいて、そのふたりを44歳のなんのスキルもない私が養っていくには、就職していただくお給料だけでは厳しいと思いました。それもあって起業したんです。

堀江▼で、やり始めた居酒屋が人気店になった。

藤﨑▽はい。心がけたのは、**すべてに心を尽くす**ということでしょうか。メニューも接客も設えも……。家庭料理が得意だったので家庭料理のお店を開業したのですが、卵焼きや煮込みハンバーグなど、より一層美味しくなるよう研究してレシピ化しました。**赤ウィンナーの切込みの数まで決めていました。**接客に関しては、お一人お一人お店にいらっしゃる理由は異なるので、そのことを察知して接客していました。また、設えについては、店内がすべて見えてしまうユニークなファサード、ビールグラスは焼き物、アイスペールと水差しは竹製、コースターは布製、箸置きに取り皿などなど、新橋の居酒屋ではありながら、和んでいただける空間になるよう、心を込めて準備しました。それらの総合力で繁盛店になったと考えています。

堀江▼そして、また常連客から声をかけられたんですよね。

藤﨑▽はい。その方がドムドムハンバーガーの方で、商品開発に誘ってくださいました。

実は日本初のハンバーガーチェーン

堀江▼ドムドムハンバーガーって、元はアメリカのブランドですか？

藤崎▼いえ、日本です。ダイエー創業者の※中内《なかうち》㓛《いさお》さんが、日本に新しい食文化を根づかせたいと考えていて、最初は「マクドナルド」を日本に持ってこようと思っていたと聞いています。でも、持ち株比率で折り合いがつかず、それならば自分たちでやろうということで立ち上げました。ですから、ドムドムハンバーガーはマクドナルドより1年早い1970年5月に1号店をオープンしています（マクドナルドの1号店は1971

※中内㓛は、大阪府出身の実業家で「ダイエー」の創業者。流通システムを構築し、スーパーマーケットを日本に定着させた人物として評価されている。そのため〝流通王〟とも呼ばれている。1922年生まれ。2005年没

ドムドムハンバーガーとは？

■日本初のハンバーガーチェーン。

■1970 年、町田に 1 号店開店。マクドナルド（1971 年）よりも古くからある。

■ダイエーが創業。創業者・中内功の経営哲学「良い品をどんどん安く」から。

■“どんどん”は、すでに商標があり「ドムドム」に。

年7月にオープン）。

堀江▼ドムドムの1号店って、東京・町田《まちだ》ですよね。マクドナルドは銀座《ぎんざ》。「モスバーガー」は板橋区・成増《なります》で、「ブルーボトルコーヒー」は江東区・清澄白河《きよすみしらかわ》。「シェイク・シャック」※は港区の外苑《がいえん》だし……。**1号店をどこに出すかで、そのお店のイメージや戦略がわかってきますよね。**

――現在のハンバーガー業界の店舗数ですが、1位は圧倒的にマクドナルドで3000店弱。2位はモスバーガーで1300店弱、3位はケンタッキーで

※シェイクシャック（Shake Shack）は、米国ニューヨーク州に本社を置く、ハンバーガーやホットドッグ、ミルクセーキなどが人気の世界的ファストフードチェーン店。2015年に日本に上陸し、東京・外苑前に1号店をオープン。ニューヨーク発のハンバーガーとして人気を得た

ハンバーガーチェーン別の店舗数

店舗数※2022年4月		売上高（億円）	
マクドナルド	(2937)	6520	2021年12月期
モスバーガー	(1249)	784	2022年3月期
KFC	(1164)	1535	2022年3月期
ロッテリア	(310)	219	2021年度
フレッシュネスバーガー	(171)	74	2021年3月期
サブウェイ	(168)	非公開	非上場
バーガーキング	(154)	153	2021年12月期
ファーストキッチン	(59)	100	2019年12月期
クアアイナ	(33)	非公開	非上場
ドムドムハンバーガー	(27)	非公開	非上場

ドムドムフードサービス店舗数：29店舗（2022年8月時点）

１２００店強。ドムドムハンバーガーは10位で、現在の店舗数は29店です。

藤崎▼上図の店舗数を見ていただければ一目瞭然ですが、**3位まででハンバーガー業界全体の86%を占めています**。売上で比べたらもっと差がついているはずです。出店に関してはマクドナルドさん、モスバーガーさん、ケンタッキーさんが伸びていて、それ以下は増えていません。唯一、「バーガーキング」さんだけがプラスになっているという状況です。

堀江▼なんで、プラスなんですか?

藤崎▼やはり、**価格を少し高めに設定した高級路線がよかったんじゃないでしょうか**。好きなハンバーガーチェーン店でも、バーガーキングさんは上位に入っています。

王者の戦略について思うこと

堀江▼でも、やはりマクドナルドがダントツですよね。マクドナルドの戦略をどう見ていますか？

藤崎▼**私は他社のことはまったく気にしていません**。ただ、私はマクドナルドはハンバーガーチェーンではなくて、〝牛丼〟や〝天ぷら〟といった食のジャンルのひとつだと思っています。販売促進力も機材もマクドナルドさんはすごい。アプリの開発もそうですよね。

堀江▼正直言って、マクドナルドのアプリはよくできています。

藤崎▽アプリも違うし、独自のデリバリーシステムもある。他のハンバーガーチェーン店とは全然違います。2016年に「黒船到来」なんて言われ方をして「シェイクシャック（Shake Shack）」や「カールスジュニア※（Carl's Jr.）」など外資のプレミアムハンバーガーが入ってきました。「カールスジュニア」は最初150店舗目指すといっていたけれども、今は数店舗です。ですから、**マクドナルドを除いて、ハンバーガーチェーン店は厳しい状態であることは間違いありません。**そんな中で、ドムドムハンバーガーは〝**皆さんの思い出の中にあるハンバーガー**〟という位置づけだと思っています。**実際、マクドナルドよりも先に食べたことがある人が、懐かしがっていろいろ応援してくれます。**ドムドムハンバーガーを気にかけていただけることについては、すごく感謝しています。

※カールスジュニア（Carl's Jr.）は、米国フロリダ州に本社を置くファストフードチェーン店。アメリカではマクドナルドやバーガーキング、ウェンディーズなどに続く店舗数を誇る人気店。1989年に日本進出したが、数年後に撤退。2016年に再進出し、秋葉原に1号店をオープンした

堀江▼僕からすると、失礼ながら「あれ、まだあったんだ」という感じですけれどね。

藤崎▽そうですね。やはり、基本的にはスーパー「ダイエー」さんの中にあったので、今、残っている店舗もほとんどは町の小さなスーパーマーケットにあるという状況です。

なんでもいいから おいしいものを

堀江▼藤﨑さんが来る前と来た後では、企業文化は変わったんですか。

藤﨑▼私が入った時（2017年に入社。2018年に社長就任）は、もう再生する会社になっていましたから「頑張っていこう」という感じでした。

堀江▼でも、その時点でドムドムは赤字ですよね。ダイエーからドムドムの事業を譲り受けて再生するという流れの中で、何がハマったんですか？　僕はソフトシェルクラブが入った「**丸ごと!! カニバーガー**」（2019年10月発売）がめちゃくちゃ印象に残っているんですけど。

藤崎▼まず、どうして私が社長になったかというと、私をドムドムハンバーガーに誘ってくれた人に「**私を意見が言える立場にしてください**」ってお願いしたからなんです。ドムドムで普通の社員として働いていてわかったのは、社内で意思の疎通ができていないということでした。例えば、取締役会で「次はこの商品をやるよ」というと、皆さん「わかりました」って素直に言うんです。でも、私は「これ、やっちゃって大丈夫なのかな？」と思うこともあったので、それを言える立場にしてほしいとお願いしました。それで、私が社長になって「**商品開発はなんでもいいから、とにかくおいしいものを作っていこう**」という方針にしたら、ユニークなハンバーガーのアイデアがどんどん出てきたんです。

堀江▼そんなんで変わるんですか？

藤崎▼そんなんで変わったんです。実は、ファーストフードのハンバーガー店は「できないこと」が多いんです。例えば**「丸ごと!! カニバーガー」は生のカニが冷凍された状態で店に納品されるんですよ。**それを流水解凍して、水気を切って、粉をつけて揚げます。これは普通のハンバーガーチェーン店ではやりませんよ。すでに粉がついているもの、または半分揚がっているものが納品される。時短でできるものが基本なんです。でも、ドムドムは味にこだわって生のカニを冷凍した状態で納品しているから、皆さんから「おいしい」とか「ユニークだ」と思っていただけているんだと思っています。

堀江▼他の店ができないのは、オペレーションの問題ですか？

藤崎▼そうだと思います。一般的なハンバーガーチェーン店のメニューって似たようなものが多いですよね。同じパティ（ひき肉などを円盤状にして焼いたもの）を使って、ソースだけ変えるとか、量を増やすとか。だから、ハンバーガーチェーン店のメニューから逸脱したルックスのものだったり、逸脱したオペレーションだったり、大胆な価格のものはやりにくい。でも、ドムドムはそれをやったことが良かったんだと思います。

なぜやれたかというと、綺麗ごとのように感じられるかもしれませんが……。**オペレーションの技術力というより、スタッフの気持ちの変化が問題解決をしていると考えています**。長らく低迷していたドムドムが新商品を出すことで、お客様を笑顔にできる。売上が回復する。商品開発も現場もその気持ちであったことが問題解決になりました。そして独自性のある商品を販売するごとに、お客様に喜んでいただき、売上が伸び、さらにはメディアでも取り上げていただける。

この成功体験にも似た連鎖が、ますますスタッフの心の満足度を上げていると考えています。

堀江▼カニバーガーはいくらでしたっけ？

藤崎▼最初に発売した時は税込990円です。

堀江▼まあ、それくらいしないとね。

藤崎▼はい。ソフトシェルクラブなので。

堀江▼これは誰が企画したんですか？

藤崎▼うちの商品開発部が私に言ってきて、「社長どうですか？」って聞かれたので、「絶対、いける！　だって、おいしいじゃない！」って答えました。

堀江▼カニバーガーはめっちゃ売れましたよね。

藤崎▼めっちゃ売れました。これまで2度再販したんですけど、今でも「どこで売って

ドムドムだからできる限定バーガー

丸ごと！！カニバーガー¥990（税込）
浅草花やしき店・ドムドムハンバーガーPLUS銀座店限定
ドムドムハンバーガーPLUS銀座店は1,390円で販売（ポテト付き・米粉入りパンズ使用のため）

いますか？」という問い合わせがしょっちゅうあります。

堀江▼「カツカレーバーガー」もあるんですね。

藤崎▽これは昭和22年創業の老舗洋食レストラン「銀座スイス」さんとのコラボ商品です。「銀座スイス」さんは、カツカレー発祥の店ということもあってカツカレーが人気メニューだったので、カツカレーバーガーを出させていただきました。

堀江▼じゃあ、「WAGYUMAFIA（和

牛マフィア)」ともコラボしましょうよ。1万円バーガーをやりましょうよ。1万円ものは、例えば吉野家さんの牛丼ともコラボしていて、専用の丼を有田焼で作ったりしたんです。WAGYUMAFIAの共同経営者の浜田寿人《はまだひさと》もドムドムの大ファンなんですよ。

藤崎▼本当ですか。ありがとうございます。ドムドムにはそういう方がいて、いろいろ後押ししてくれるんです。

堀江▼1万円バーガーは何がいいのかなあ。WAGYUMAFIAもハンバーガーは作っているんですよ。例えば、一日ぬか漬けにしたアボカドを使った「アボカドバーガー」とか、高級魚のクエを揚げたフィレオフィッシュならぬ「クエオフィッシュ」とか、そんなバカなことばかり考えているので、ぜひ、よろしくお願いします。

ハードルの多い企画の通し方

堀江▼他にはどんなハンバーガーを考案されたんですか？

藤崎▼私が入社するきっかけになったのが「厚焼きたまごバーガー」（2017年発売）です。私が商品開発で顧問契約をしている時に作らせていただいたんですけど、たまごの他にはからしマヨネーズしか入っていません。

堀江▼本当にたまごサンドなんですね。

藤崎▼そうです。でも、最初に提案した時には却下されたんです。なぜかというと「厚焼きたまごを全国の店舗にどうやって配送するのか」「冷凍だと劣化しておいしくなくなるのをどうするのか」などの問題点が多かったからです。でも、私はもともと居酒屋をやっていたので、「おいしい卵焼きを作りたい」と思っていましたし、手作りすれば「おいしい卵焼きはできる」と思っていたので、全店舗で手作りすることにしたんです。

堀江▼でも、各店舗で厚焼きたまごを手作りするのは大変ですよね。

藤崎▼大変です。でも、そうするとちゃんとおいしい卵焼きができるんです。**私は社内の雰囲気を少しでも変えたいと思っていたので、手作りしておいしい卵焼きを作ることで、みんなが「これをやるとドムドムが復活できるかもしれない」という気持ちになってくれればと願っていましたし、実際に社員のモチベーションも上がったんです。**

あとは、バンズを使わないでカマンベールチーズを半分にして、お肉を挟んだ「丸ごと‼ カマンベールバーガー」（2021年発売）もすごく売れました。

——藤崎さんが商品開発をする時に心がけていることはなんですか？

藤崎▼**「おいしいのは、お客様との最低限の約束」**と社員のみんなには言っています。これは私の経営理念です。今の時代、どこに行って、何を食べても大体おいしいじゃないですか。だから、その上を行くものでなければいけない。「おいしいの上を行く商品を開発してください」ということをみんなにお願いしています。

堀江▼アイデアは出たけど、実際に商品にならなかったものもあるんですか？

藤崎▼いっぱいあります。企画の段階でボツになった〝ボツバーガー〟には、例えば「ネギトロバーガー」や「納豆バーガー」などがあります。

堀江▼逆に一番売れているのは？

藤﨑▼これは昔から「甘辛チキンバーガー」が一番売れています。あとは「ビッグドム」といって、パティが2枚入っているものです。

堀江▼ハンバーガーって、まだまだ面白いですね。

再建のカギは「愛される」こと

——藤崎さんが社長に就任して3年間でV字回復しましたけど、商品開発や社員のモチベーションを上げること以外の理由はありますか？

藤崎▼物販ですね。ファッションブランドの「FRAPBOIS（フラボア）」さんとコラボしたTシャツや雑貨を販売したんです（2019年より）。これも、最初は「ハンバーガー屋が洋服作ってどうすんだ」って言われたんですけど、フラボアさんとなら成功すると思って始めました。その後も2020年にコロナ禍でマスクを販売したらバズって、ＥＣショップが急成長したんです。

堀江▼ビームスともコラボしてますよね。**ハンバーガーを食べるという行為だけではなくて、「ドムドムを愛するファンを増やす」ということをやっていったわけですね。**ドムドムの象のキャラクター「どむぞうくん」※もいい感じですよね。でも、なんで象なんですか。

藤﨑▼謎に愛されるこの「どむぞうくん」が、ずっといい仕事を続けてくれているんです。なぜ象かというと、１９７０年代に一番愛されていた動物が象だったからです。「象のように一般消費者の方に愛されるブランドになれるように」ということで象になったと聞いています。

——ＯＭＯ※マーケティングを意識していたんでしょうか。

※どむぞうくんは、ドムドムハンバーガーのブランドロゴで、マスコットキャラクターにもなっている。赤が「どむぞうくん」、黄色が「どむたろう」、緑が「どむさん」、ピンクが「どむこ」、水色が「どむくるーず」。ぬいぐるみも販売されている

※ＯＭＯマーケティングは、「Online Merges with Offline Marketing」の略。オンラインのＥＣサイトとオフラインの実店舗を融合したマーケティング

藤崎▼実は、これは堀江さんの影響なんです。堀江さんの「**スマホ1台あれば、どこでも仕事ができる**」という発言を聞いて、「そうか、店舗に来てくださるお客様だけがドムドムハンバーガーのお客様じゃないんだ。ECで商品を買ってくださるお客様もきっといる」と思ったんです。それでECサイトで商品を販売するようにして、そこからドムドムハンバーガーを応援しようというムーブメントが起こったんだと思います。

フォロワー数が少ないアカウントだからできること

藤﨑▼例えば、ＳＮＳでフォロワーを増やすためにリツイート（リポスト）キャンペーンなどをよくやるじゃないですか。でも、「それって本当にいいの？」って私は思っちゃうんです。自分の伝えたいことを知ってくださる人が増えるのはいいけれど、そうすると意見が薄まって、ドムドムを本当に好きな人の声が聞こえなくなるような気がするんです。**私はドムドムのお客様とは密な関係を持ちたい**。ですから、**SNSのフォロワーが他社さんは450万人で、ドムドムは4万5000人**でもいい。でも、その4万5000人のフォロワーさんはドムドムハンバーガーのことを愛してくれて、新商品が出れば食べていただけるお客様だと思っています。

SNSって、特にファーストフードの場合、マスをターゲットにされている企業が多いと思います。ですが、ドムドムはコアなファンの皆様の心に届くことを意識しています。**私も担当スタッフも、一日何度もお客様からの投稿を確認いたします**。その都度、投稿に即した返信や改善、またクレーム処理などタイムリーに対応しています。発信するツールでありながら、受信した内容が弊社の運営に大きく影響するのです。例えば、テレビ朝日の番組「激レアさんを連れてきた。」に出た時、私物の「ｄｏｍｄｏｍ」ネックレスをしていたら「もしかしてあれってｄｏｍｄｏｍって文字?」という投稿がありました。そこで「そうです!」と投稿したらバズって、今度は多くの方から「同じネックレスが欲しい!」と言っていただき、ECサイトで販売することになりました。

他にもレトルトカレー、ぬいぐるみの「どむへい・どむみ」なども、SNSの投稿が販売につながっています。**SNSは情報を拡散させるツールではありますが、むしろ情報をいただくツールであるような関わりも心がけています。**

――高級ブランドのようにお客様との一体感を出すという戦略ですね。

藤崎▼やはり、ドムドムハンバーガーは50年の歴史がありますので、50年間ドムドムを愛して、守ってくださった方には感謝しなければいけない。その方たちがドムドムをこれからも愛してくださるようなブランドにしなければいけない。そうすると**「私たちはこういうブランドなんですよ」と言うのではなく、「皆さんの求めているものにドムドムが合わせていく」ということを重視したい**。ですから、コロナ禍で「マスクが欲しい」ということであれば、ＥＣサイトですぐにマスクを販売するわけです。

堀江▼ドムドムはレトルトのカレーも作っているんですね。

藤崎▼「カレー屋ドムドム和牛すじ肉カレー」ですね。これがどうしてできたかというと、和牛のパティを作る時に端材のすじ肉が残るんです。じゃあ、そのフードロスをなくすために何かやろうということで、試しに牛すじカレーを作ったらとてもおいしかった。それで、たまたま「数ヶ月間だけなら月500円で貸すよ」という空き店舗が銀座にあったので、そこで期間限定で販売したんです（2021年9月〜11月）。すると行列ができるくらい人気になって、ドムドムハンバーガーがカレー店を出しているということでメディアに取り上げられて、全国のお客様から「ドムドムの牛すじカレーを食べたい」というお問い合わせがたくさんありました。「それならレトルトカレーを作ろう」ということになったんです。これは2個セットで税込1480円です。

堀江▼安いですね。

藤崎▼はい。これも、最初から売ろうと思って開発したわけではなくて、結果として全国の皆様に召し上がっていただきたくてレトルトカレーを作ったという感じです。

成長が目的、ではない！

――今後のドムドムの成長戦略は、どう考えているんですか？

藤﨑▼これはすごく困る質問です。というのも、私たちは成長が目的ではないからです。私たちのやりたいことは**「お客様とスタッフがどんなことを考えているのか」「お客様は私たちに何をして欲しいのか」「お客様が本当に喜ぶことはなんなのか」**です。ただ、会社は守らなければいけない。会社が潰れてしまったら、従業員は幸せではなくなります。それに、成長したいがためにドムドムが背伸びをすると「おいおい、大丈夫か」みたいに皆さんから思われるんじゃないか、と心配なんです。「今年中に何店舗出します」という目標もなくて、お客様に親しまれる身の丈にあったお店であればいいなと思っています。

――それが、ファンを広げて成長につながっていくのかもしれませんね。

藤崎▼今日は「かりんとう饅頭」も持ってきているんです。どうぞ召し上がってください。

堀江▼なんで、かりんとう饅頭を作ろうと思ったんですか?

藤崎▼ハンバーガー屋さんのサイドメニューって、パイが多いじゃないですか。ハンバーガー自体がアメリカ発のものだからですかね。でも、日本のハンバーガー屋さんだったら、日本っぽいサイドメニューもあっていいんじゃないかと思ったんです。他にも「ドムドムハンバーガープラス」（和牛100％のパティを使ったプレミアムバーガーをメインで販売している店舗）の和牛バーガーの横についているのは、ピクルスではなくてガリ（甘酢生姜）なんです。味の方向性としては、絶対に合うはずです。

堀江▼ドムドムハンバーガーはなんでもやるのがすごいですね。じゃあ、ぜひうちともコラボしましょう。1万円ハンバーガーを作りましょう。

藤﨑▼はい。うちの商品開発部も喜ぶと思います。みんな面白いことをやりたい人間ばかりなので、すごく楽しみです。

堀江▼やはり、中の人が楽しんでいないとダメですよね。僕も楽しみです。

No.07

喝破

言いづらいことを
言わなければ成長はない

株式会社 久松農園 代表

久松達央 Tastuo Hisamatsu

Profile

1970年生まれ。1994年に慶應義塾大学経済学部を卒業後、帝人株式会社で輸出営業に従事。1998年に茨城県土浦市で脱サラして久松農園を設立し、年間100種類以上の有機野菜を栽培。個人消費者や都内の飲食店に直接販売する傍ら、「小さくて強い農業」を模索し、補助金や大組織に頼らず独立経営を実践。他農場の経営サポートや自治体と連携した人材育成にも取り組んでいる。著書に「キレイゴトぬきの農業論」「小さくて強い農業を作る」「農家はもっと減っていい」がある。

番組公開：2022年9月12日

本対談の「型破り農業」から学べるポイント

❶ セオリー無視のノウハウ

- ネットを活用して直販モデルを採用。
- 流通の規格に縛られず、純粋な品質で勝負できる。
- さらなるセオリー無視のノウハウが生まれ、独自性が高まっていく。

❷ 従事者数だけ見るな

- 裏には産業構造の変化がある。
- 労働生産性そのものが上がっているのであれば、従事者はもっと減っていい。
- その議論がしにくい空気は打破しなければならない。

❸「持たざる者」よ来たれ！

- 農業は現在、急激に産業化・資本集約が進んでいる。
- 大手が狙わない条件不利な地域やマイナーなアイテムにチャンスが出る。
- 目のつけどころさえ間違わなければ、花は摘み放題の業界。

農協は、既得権益の最たるもの。
ただ、農協を変えたら良くなるという話でもなくて、
「農家が減る」という問題はそのままなんです。

農家はもっと減っていい

久松達央（以下、久松）▼僕は、**農家はもっと減っていいと思っているんですよ。**

堀江貴文（以下、堀江）▼僕も自然に減ると思いますね。うちは母親の実家が農家なんです。メインは戦後に始めたみかんだったんですけど、周囲もみかんをやり出して、すぐに過当競争になってしまった。段ボール箱に入ったみかん一箱の卸値が200円くらいでした。だから、どうやって食っていたのかよくわからないんですけど、多分、補助金とかをもらっていたんでしょうね。

金泉俊輔（以下、——） 実は本日、久松さんが野菜を持ってきてくれています。

久松▼これは「大長茄子《おおながなす》」（全長が40～60㎝に成長する大型の茄子）といって、もともとは九州などでよくつくられていた茄子です。皮が柔らかくて、持つと軽いんです。中がスカスカなので油をよく吸うんですよ。

堀江▼じゃあ、炒め物とかにいいですね。和牛の牛脂を吸わせたらおいしいかもしれない。

久松▼これは「ライムバジル」といって、ライムの香りがするんです。なぜ今日持ってきたかというと、明日になったら香りが飛んじゃうからです。収穫して数時間だけこの香りがする。そもそも流通には向かないバジルなんですよ。

久松農園のようす

「おいしい野菜で、喜んでもらう」というシンプルな目標を掲げる久松農園では、旬に合わせた野菜を100種類以上栽培。筑波山と霞ヶ浦に挟まれた茨城県南部の土浦市（旧新治村）で、1999年より有機農業を営んでいる。

農園のようすをこまめに情報発信しているのも、久松農園の特徴だ。収穫物の情報はもちろんのこと、日々の作業の裏側やメンバーの紹介、レストランレポートや経営哲学に至るまで、内容は幅広い。

勝ち筋は鮮度と流通、セオリー無視

堀江▼でも、本当にそうですよね。トウモロコシとか、もぎたてはめちゃくちゃうまいですよね。甘い品種だとスイカよりも甘いかもしれない。でも、1日経つと普通のトウモロコシと同じ味になってしまう。多分、糖がデンプンに変化してしまうんでしょうね。久松さんは「久松味」と呼ばれるようなおいしい野菜を作っていますが、何か他の野菜と違いがあるんですか。

久松▼今、バジルで体験していただいたように、野菜は鮮度が命です。だから、採ったらすぐに消費者に送ることが大事。それと、やはりおいしい品種選びが肝です。**うちは直販なので、流通の規格に縛られずにおいしさだけで品種を選ぶことができます。**今は

100種類くらい自分の好みの品種を育てていますね。

堀江▼流通に乗せることを考えると、規格は大事ですよね。都市部の人口が増えつつあった時代は、スーパーマーケットなどに円滑に商品を流通させるために規格が必要でした。

久松▼そうですね。個々の農家は小規模で、JAがロットをまとめて流通させるので、一定の規格を決めておかないと産地の統一感が作れない事情もあります。生産体の規模が十分に大きく、量販店と一対一で取引できる状況だったら、話し合いで決めればいいので流通規格は必要なかったかもしれません。

堀江▼でも、今は**ネットを使えば消費者と農家が直接マッチングできるから、流通のた**

めの規格は必要ないし、消費者に鮮度のいい野菜を直接届けることができる。でも、久松さんの100種の野菜ってすごい数ですよね。

久松▼はい。もう、**セオリーを無視しちゃってます。**

堀江▼普通の農家も自家用に多くの野菜を作ることがありますよね。うちのおじいちゃんも、自分たち用にいろんな野菜を作っていましたから。農家は自家菜園でなんとかなるので、ほとんど野菜は買いませんよね。

久松▼だって、バカバカしいですもん。おいしい野菜は自分で作れるわけですから。うちは「巨大な家庭菜園」という言い方をしているんですけど、自分で食べるものは自分で作る。そして、余った分を他人に売るという発想が根底にあります。

堀江▼そう。で、それを久松さんは事業規模に持っていった。

久松▼そうですね。最初は、自分が食べるものから作ったんです。そして、その後に売ることを考えた。コンセプトの根本がマーケットインではないので、ビジネスとしては無駄が多いかもしれません。

堀江▼種類が多いと面倒くさいですよね。全部、作り方が違うから。だから、例えば「ジャガイモだけ作ります」というほうが楽ですよね。

久松▼栽培品目を絞ったほうが効率化のための機械投資がしやすいんです。作る品目が多いと、投資先が分散するので機械化しにくい。メニューがやたら多い飲食店と一緒で、オペレーション効率が悪いんです。

数字の背後にある産業構造を見よ

――冒頭に「農家はもっと減っていいと思っている」とお話しされていましたが、農業従事者の人口が5年間で約40万人減っているということについてはどうお考えですか。

久松▼**農業従事者が減ること自体は自然なことで、これは産業構造の変化によるものです。**例えば1960年の就農人口は約1200万人でした。1960年というと、まだ耕運機も普及していなくて、多くの作業を手でやっていたわけです。それが今は、例えば田植えの工程も10倍近く労働生産性が上がっています。だから、乱暴に言うと10分の

農業従事者数の推移

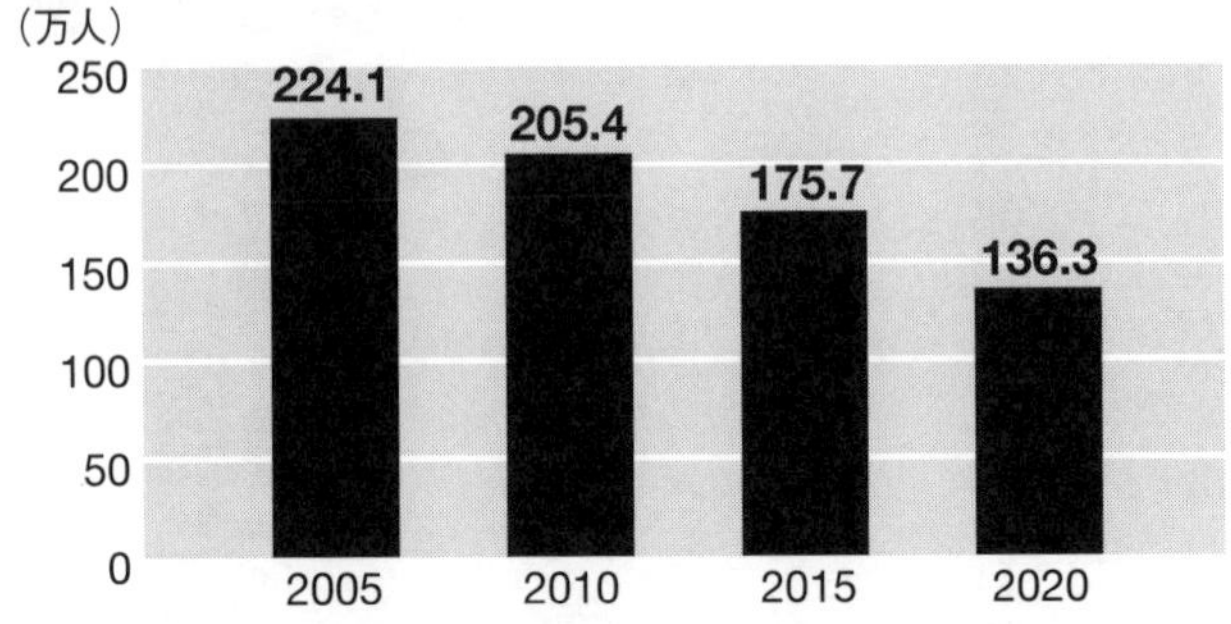

2015〜2020年までの5年間で39万4千人（22.4%）減少

出典：農林水産省「農林業センサス」、「2010年世界農林業センサス」
農林水産省「令和3年度食料・農業・農村白書」

1の人数ですむ。そう考えると、農業従事者が減るというのは自然なことです。むしろ、機械化が進んでいるわりには、減り方はなだらかなほうだと思います。

——ただ、全体としては減っていますが20代など若い世代は増えています。

久松▼農水省が「新規就農者」と呼ぶ、「新たに農業を始めた人」は2020年で約5万4000人ですが、そのうちの約4万人は農家の後継者です。その多くはプロではない兼業農家の名義が子の代に代わったケースで、それを「新規就農」と分

年齢別農業従事者数の増減

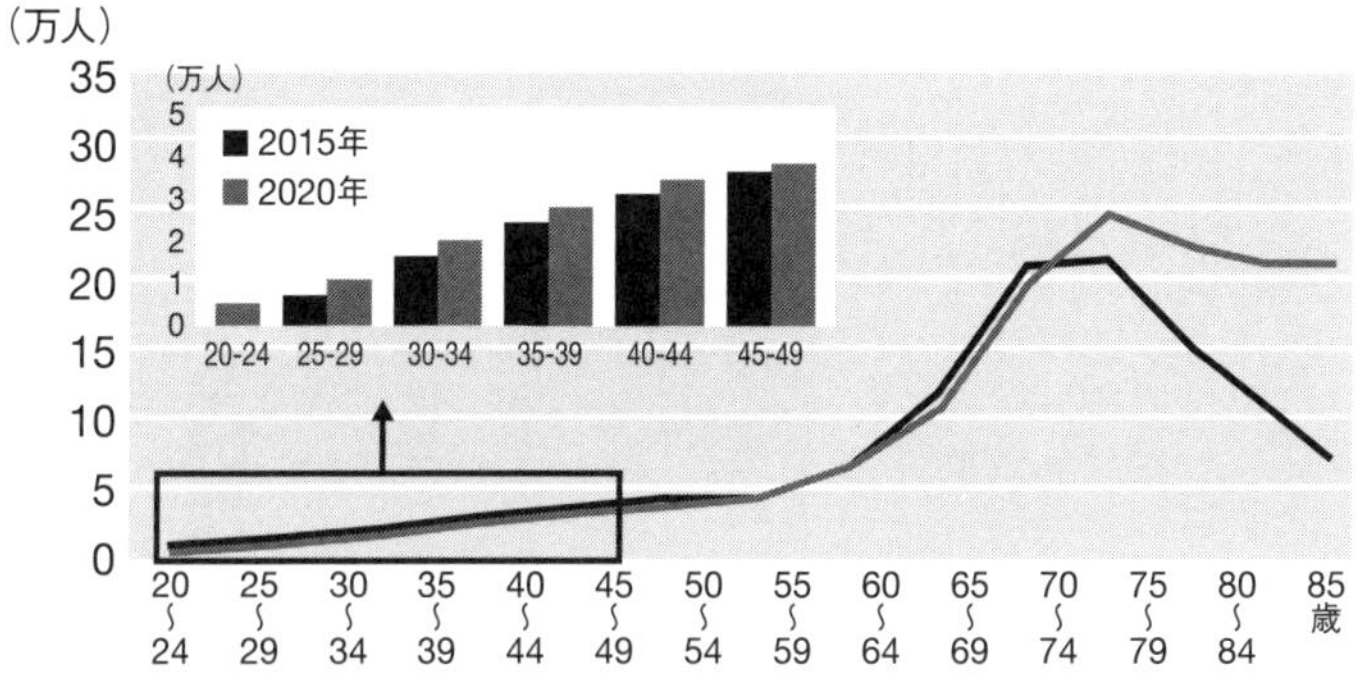

20～40代が「14・7万人」と、5年前より2.3万人増加

出典：農林水産省「農林業センサス」、「2010年世界農林業センサス」
農林水産省「令和3年度食料・農業・農村白書」

類しているのです。しかも、その４万人の半分は65歳以上です。

一方で、僕のように、農家の出身ではない者が新たに農業を始めた人数は約３６００人。だから、若い層が農業にどんどん入ってきているというのは、僕の感覚とはちょっと違います。ただ、**キャリアパス（目指す職種）として見えやすくなっていることは間違いないので、例えば25歳の若者が農業をやりたいと思った時に、どこに相談したらいいかということは、以前よりだいぶ整備されているとは思います。**

堀江▼まあ、そうですね。

久松▼それに、僕の周りを見ていると、**新規で入ってきて10年続く人は10人にひとりくらいなんです。**僕は20年以上前に農業を始めましたが、その頃と比べて平均経営規模は上がっているし、設備化、マネージメントの高度化は進んでいます。これは「農業は誰もが簡単にできる仕事ではなくなってきている」ということの証です。今後は、個人が新たに農業に参入する余地は減っていくと思います。

日本人選手の躍進は、肉のおかげ？

――部門別で見ると、49歳以下の農業従事者は酪農や野菜の割合が多く、稲作に関しては非常に低いのですが、これは酪農や野菜が儲かるからですか。

久松▼日本は戦後、食糧増産というミッションがあったので、とにかく稲作を推奨しました。ところが、1971年から米は減反政策の下で生産調整されるようになりました。以後、園芸作物など他の儲かる農業を奨励する政策が取られており、さまざまな助成があります。多くの自治体で、ビニールハウスの建設にも、畑作機械の購入にも助成

販売金額1位部門別の基幹的農業従事者数

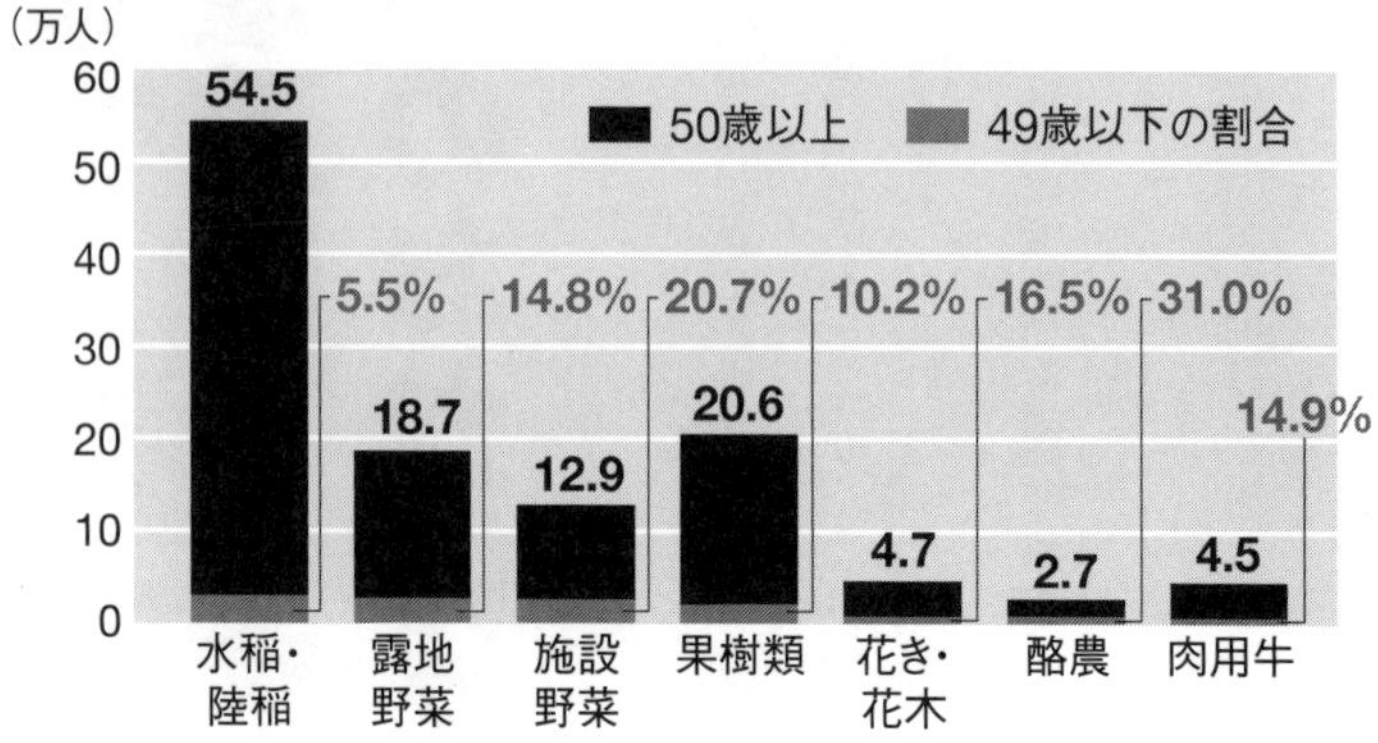

出典：農林水産省「基幹的農業従事者」

が用意されています。とりわけ、畜産は早い段階から集約が進みました。**今、農業で1億円以上の売上がある法人は約八千くらいありますが、その約7割は畜産単一経営です。**総産出額でいうと畜産は、稲作の2倍以上あります。日本はもう「お米の国」ではなくなっているんですよ。

堀江▼今、畜産農家は豊かになっていると思います。というのは、簡単にいうと肉などのタンパク質は作るのにコストがかかるので、高く売れるんです。反対に言うと例えば、アジアの貧しい国に行くとお米はたくさんとれるから、お米は腹一杯食えるんですよ。でも、タンパク質が不足しているから、お腹だけぽっこり出てしまったりする。日本人って体格がめちゃくちゃ良くなったじゃないですか。スポーツのレベルも上がっていますよね。オリンピックで活躍する選手やメジャーリーグでトップクラスの選手が生まれている。プロゴルフなんてマスターズトーナメントで松山英樹《まつやまひでき》選手が勝ったりしています。僕らの子供の頃はアニメの話だったことが、今は現実になってきている。これは、やはりタンパク質を摂るようになったからです。戦後すぐは米を増産して、とにかく飢えることをなくそうとしてきた。でも、バブル期くらいから日本も肉食文化になってきているんです。そういう意味で言うと、日本は豊かになったから畜産が伸びているんだと思います。「とにかく腹が膨れればいい」という時代ではなくなったわけです。

久松▼実際、米の消費量は半分以下になっていますからね。

国産野菜が抱える難点

――一方で、野菜は横ばい傾向ですね。

久松▼野菜の6割は加工・業務用需要なんです。でも、そういう需要が求める定量・定価・安定供給を満たせる野菜農家は非常に少ない。だから、輸入野菜が選ばれてしまう。**国内の野菜の生産が伸びていない一番大きな理由は、この加工・業務用需要を取り込めていないことだと思います。**

農業総産出額

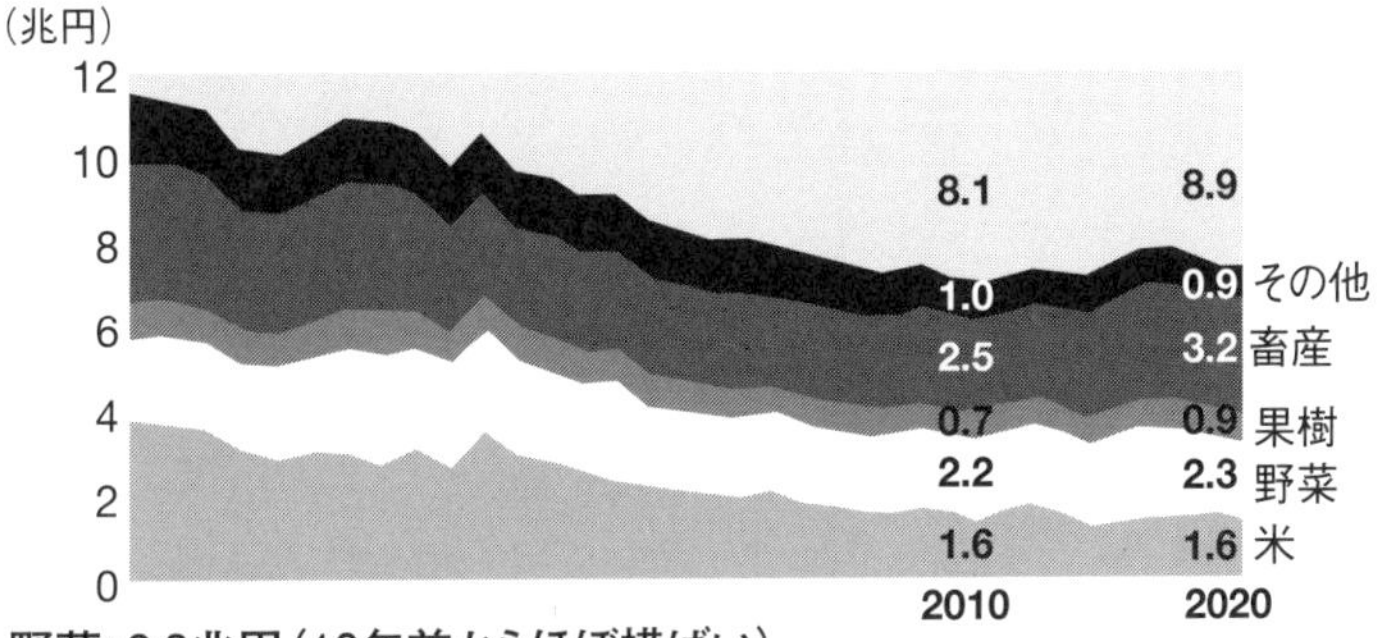

野菜：2.3兆円（10年前からほぼ横ばい）
畜産：3.2兆円（10年前から6000億円増加）

注：「その他」は麦類、雑穀、豆類、いも類、花き、工芸農作物、その他加工農産物の合計
資料：農林水産省「生産農業所得統計」　農林水産省「令和3年度食料・農業・農村白書」

堀江▼でも正直、野菜は難しいんじゃないですか。例えば、ポテトチップスの原料となるじゃがいもは、北海道十勝《とかち》産のものも使っていますが、大規模な農地は大手企業がすでに買い占めていたりします。たぶん、もう土地がないですよ。日本の大規模農家は、かなり限界に近いという気がしています。

久松▼確かに限界はあると思います。ただ、需要家も輸入野菜の品質に満足しているわけではないんです。輸入野菜は長い時間をかけて日本に運んでくるので、傷んだりするなどロスが多い。だから今、品質の上でも国産が求められているんです。

堀江▼でも、もう限界でしょう。そもそも、日本は農耕地の面積が少ないんですよ。山間部には耕作放棄地などが多いですから。江戸時代に新田開発で田畑を増やした時期がありましたよね。農家の次男、三男の行き先がないから、どんどん山を開拓していった。棚田なんか、経済合理性がないんだから、観光資源にしたほうがいいですよ。現実的にはそうじゃないですか？

久松▽そもそも棚田は産業政策として作ったものではないですからね。さまざまな理由で無理な場所でも開拓されてしまった農地が、今の時代の農業にフィットしていないケースも多いです。

堀江▼だから、畜産が増えているというのは、ある意味正しいんだと思います。それに、**畜産で一番大事な資源って水なんですよ**。餌は買えます。海外からトウモロコシとかを買ってくればいい。日本は水が豊かで、それこそ「湯水の如く」使えるんだから、畜産に向いている土地だと思います。アメリカやオーストラリアなんかは、地下から水を汲みあげて使っていますよね。しかも、※干ばつで汲み上げられなくなったりもしている。それで、肉牛の生産量がもう限界になっていて、アメリカ産、オーストラリア産の牛肉の値段が上がっている。だから、牛丼チェーン店も値上げをしている。**アメリカ牛が安かった時代は、もう終わりですよ。**

※米国はこの数年、カリフォルニア州だけでなくアリゾナ州やニューメキシコ州などの米西部、またテキサス州やミシシッピ州などの米南部まで干ばつ被害が深刻化している。この干ばつは「過去1200年で最悪の干ばつ」とも言われている。また、オーストラリアも南西部での降水量が数年にわたり少なく、乾燥が続いている。そのため、オーストラリア西部では牧草地がなくなり、畜産農家などは著しい飼料不足に陥っているという。また、この干ばつにより森林の大火災なども起きている

農業はどれくらい儲かるのか

——次は、農業は儲かるのか、儲からないのか。農業所得の平均は約400万円ということですが。

久松▼これは本州と北海道では条件が全然違うし、業態によっても全然違うので、全農家の平均の数字を出してもあまり意味がないと思います。例えば、400万円という数字には、兼業農家や小規模農家も入っているわけですよね。だから、**中央値がどこにあるのかということをちゃんと見たほうがいい。**

農家の年収

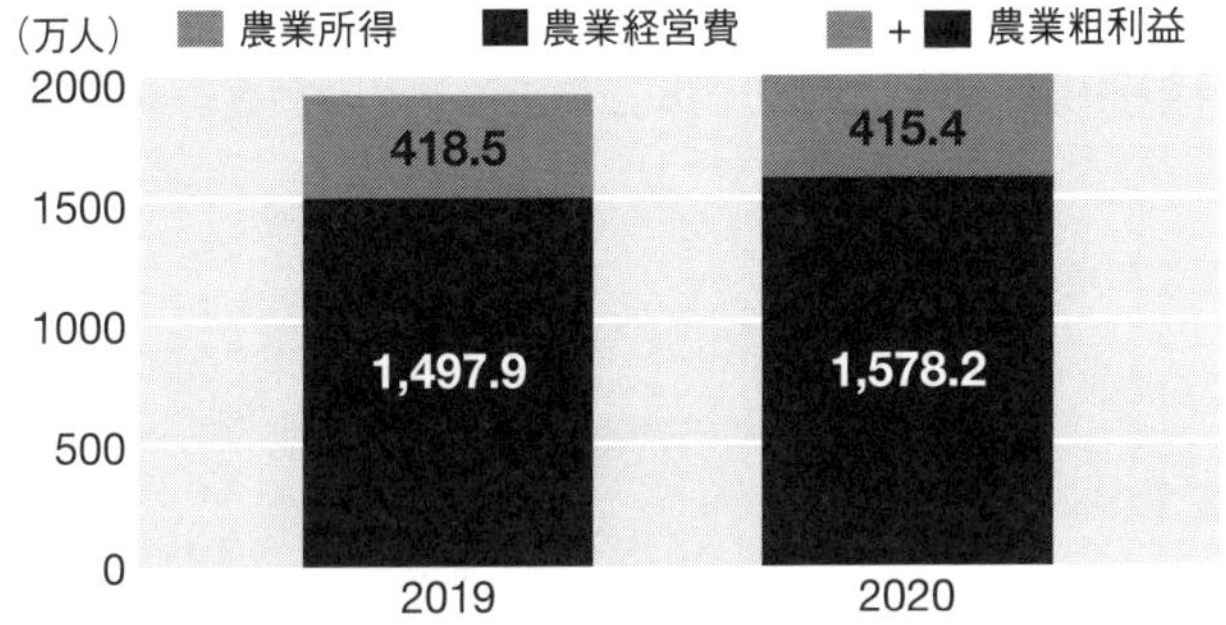

農業所得：約415万円（前年比約3万円減少）

出典：農林水産省「農業経営統計調査　営農類型別経営統計」
農林水産省「令和3年度食料・農業・農村白書」

堀江▼僕の知っている十勝の農家は、めっちゃ儲かってますよ。「冬はやることがないから家族でハワイに行ってます」みたいな農家もある。農場にトラクターとかを入れる収納ハウスがあるんですが、その中にレクサスが入っていたりしますよ。

――他の数字を見てみると、農家の半数は年間売上が100万円以下。8割は500万以下ということです。

久松▽多くの都市住民は「農家」と聞くと、農業をがんばっているのに収入が十分

販売農家の売上規模別分布

「売上500万円以下の農家が8割」
「1割強しかいない1000万円以上の上位層が、8割弱を稼ぎ出す」

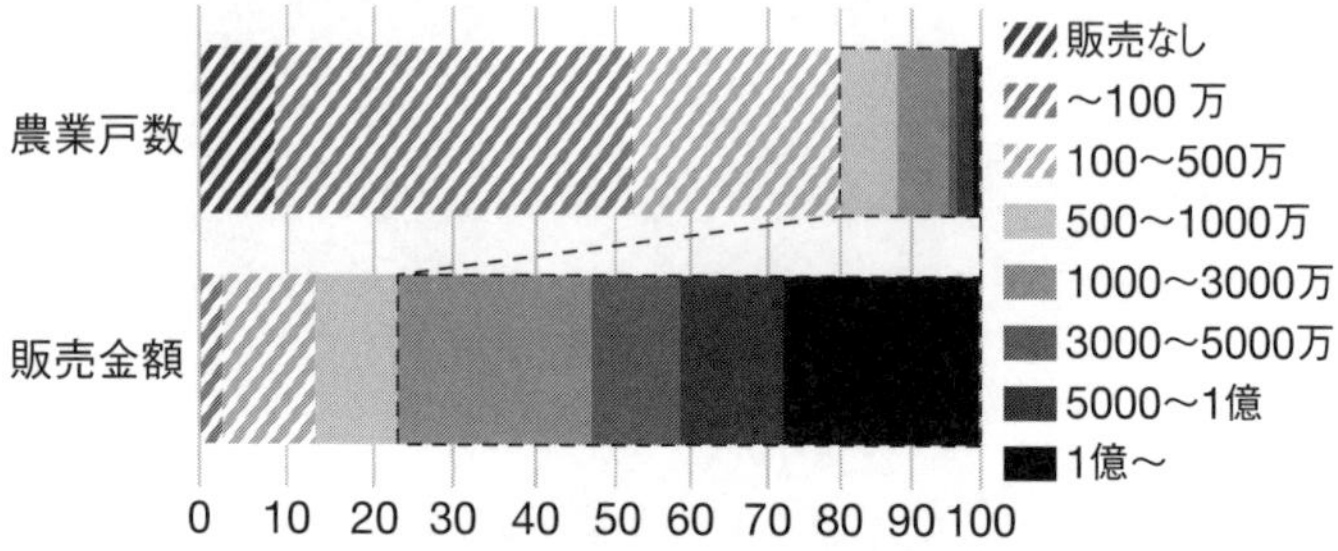

出典：農林水産省「2020年農林業センサス」より作成
久松達央『農家はもっと減っていい』『農業の「常識」はウソだらけ』を元に作成

でない「低所得者」だと思われるかもしれません。しかし、**少なく見積もっても農家の半数は、農業で食べているわけではない。「農家」といっても、主たる収入は年金や家族の給与なんです。**つまりプロの農家ではない。

一方で、規模を拡大する農業経営体も年々増えており、**数の上では1％未満の売上1億円以上の農家が全産出額の3割を稼いでいます。**今後は、そのような農業経営者の下で従業員として働くという人が増えてきます。また、その「下請け」として系列化される個人農家も増えてくると思います。

農家が減ると不都合なのは誰？

久松▼一方で、**プロではない兼業農家の数を多く維持したいという人たちもいるんです。**例えば、稼働率の低い機械をたくさん売ったほうが都合がいい機械メーカーや、顧客たる農家が多いほうがいい農業協同組合※（農協／ＪＡ）など……。農業の集約や産業化に積極的でない勢力がいることは事実です。

農協は本来、農業者に対してサービスを行なう組織ですが、現在、農業をやっている人はどんどん減っているので、農産物の取引をしたり農家に餌や肥料を売ったりする本来の事業（経済事業）は赤字なんです。その代わり、農家から預かったお金を運用した

※農協とは、農業協同組合を略した名称。その英語表記である「Japan Agricultural Cooperatives」の頭文字をとって「JA」とも言われている。農協の目的は「農業生産力の増進と農業者の経済的社会的地位の向上」とされている

り、住宅ローンやカーローンなどでお金を貸したり、保険を売ったりする金融事業で黒字化しています。だから、その対象となる組合員が一定数いないと成り立たなくなるわけです。

堀江▼農協は銀行も保険もやる総合金融機関です。さらに商社機能も持っていて、高い農機具とか、農協が作っている飼料などを農家に買わせているんですよ。なんでもありなんです。

久松▼でも、そうなると利益相反が起きます。

堀江▼そう。農家の人は必ずといっていいほど「JAバンク」に口座を持っているし、その口座に自分のお金を預けている。でも、なぜか農協から高金利であまり必要のない農機具を買わされたりしている。例えば、うちのおじいちゃんはメインが田んぼじゃないので、知り合いの農家と稲刈り機をシェアして買っていました。トラクターも春先の田んぼを作る前の季節くらいしか使わないのに買ったりするんです。そういう形で稲刈り機やトラクターのローンがあるから、農業をなかなかやめられないんですよ。

久松▼**農協は協同組合として事業税の優遇を受けていて、特別に金融部門から事業部門まで持つことを許されています。**その中で農家を囲い込んでいるわけですから、「どうあるべきか」というのは一度、考えたほうがいいかもしれませんね。

堀江▼でも、結局、どうにもならないですよ。

農協は既得権の最たるもの

で、農協で働いている人もたくさんいますから。

久松▼農協の職員は、地方だと役場に勤めているのと同じくらい安定した職業先で、本人も周囲の人たちも喜ぶと言われていますからね。だから、僕もどうにもならないと思います。

農協（総合農協）の組合数、組合員数

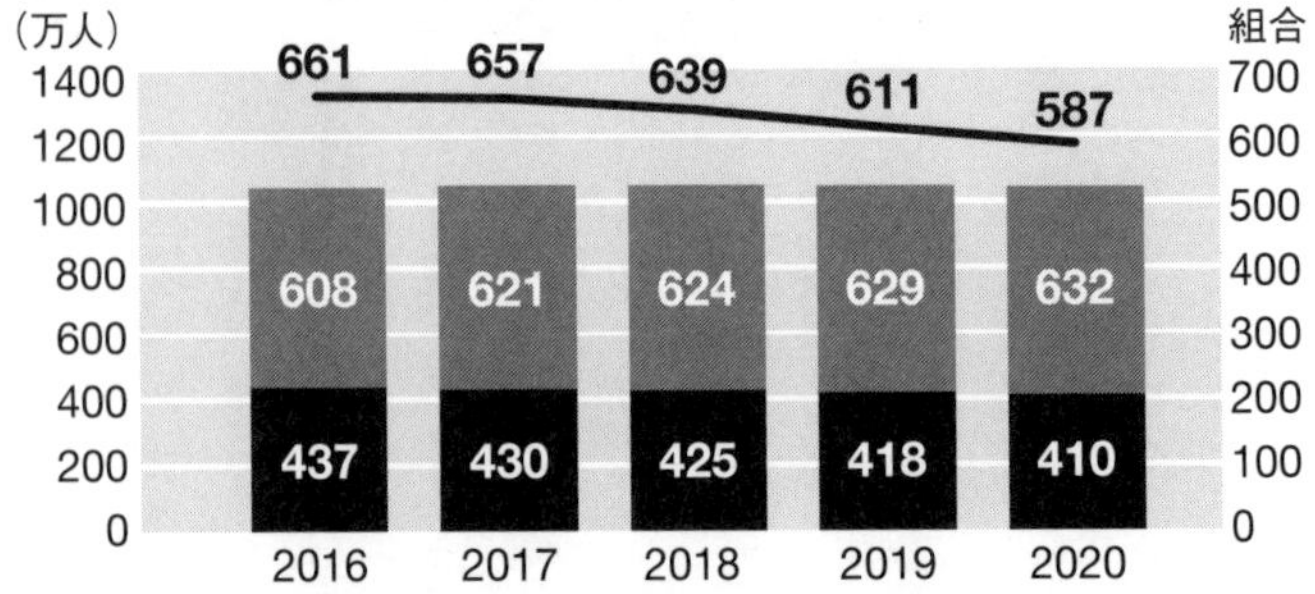

組合員数：1042万人（正組合員410万人・准組合員632万人）で、ほぼ横ばい
組合数：587（2020年）

資料：農林水産省「総合農協統計表」
農林水産省「令和3年度食料・農業・農村白書」

堀江▼ただ、農協を変えたら良くなるという話でもなくて、「農家が減る」という問題はそのままなんです。うまくソフトランディングさせる方法を考えたほうがいいかもしれないですね。

久松▼そうですね。僕らが学生の頃は「農家はなくなってもいいんじゃない？」みたいな議論ができたんですけど、その後、農業は悪口を言えない産業になってしまった気がするんです。今の学生や若い人と話をすると農業は手を差し伸べる対象と思われているんです。「農家はかわいそうだから、どうやって守ってあげるか」というの

が前提になっている。でも、一部の「農業に真剣に取り組んでいない人たちも守る必要があるのか」ということについては、もっと議論すべきだと思うんですよ。

堀江▼現実を知らないんですよね。

久松▼さっき堀江さんが言ったみたいに、農村の4割くらいは中山間地なんです。中山間地の農業が存在することに、経済とは別の意味があることは事実です。それは、純然たるビジネスとしての農業と分けて考えなくてはいけない。でも、そこが一緒になっているし、補助金なども一律に下りているということが問題だと思います。

やがて「Xデー」が来る

堀江▼今、ちょうど団塊の世代が後期高齢者（75歳以上）になっているじゃないですか。その世代の農業従事者が一番多いわけですよね。団塊の世代があと10年くらいでどんどんいなくなっていくので、今後10年でハードランディング的な何かが起こる気がします。

久松▼そうですね。僕らの仲間は「Xデー」と言っているんですが、**雪崩をうったような感じで農家がなくなると思います。**

堀江▼うちのおじさんたちも後期高齢者で、子供が3人いるのに誰も農家を継いでいないんですよ。みかん山とかそのままになっています。

久松▽農業って、街で店舗が空くのと違って、面積が広いので畳むのがすごく難しいんですよ。しかも、みんなで一斉にやめるわけではなくて、だんだんといなくなる。残っている人には行政コストもかかるわけです。だから、そのへんをどうするか議論をしなくてはいけない。でも、その前提として「農家が減ってもいい」ということを認めなければいけないんですが、農林水産省もなかなか言えないんです。

堀江▼僕は知らない第三者に対しての事業継承もありだと思っています。だって、栽培のノウハウや設備があるわけですから。

久松▽ただ、個人事業でやっていると、所有と経営が分離されていないことが多いんですよ。個人所有の資産で経営をしていると、なかなか他人に渡せません。でも、個人の酒屋さんがコンビニに売却などをしてきたように、**農業にもコンビニにあたるものがきっとあるはずなので、それを考えなければいけないと思います。**

――農業従事者は、なぜ大きな変化を起こせないんでしょうか？

久松▼プレイヤーが入れ替わっていないからというのが、大きな理由だと思っています。象徴的だったのは、僕が農業を始めた頃にお世話になった農業機械屋さんがいるんですけど、**その方は25歳でお店を継いで、55歳になっても「顧客が入れ替わっていない」と言ってました。**そんなこと、一般の産業では考えにくいでしょ。だから、個人事業だけの世界というのは、極端に入れ替わりが少ない世界なんです。逆に言えば、人の入れ替わりが起これば、自然と時代に適応していくようになると思います。

オーガニックの大誤解

――最後に、最近注目されているオーガニック（有機野菜）[※]についてはどう思いますか？

久松▼僕も有機農業をやっているんですけど、一般的な有機農業をやっている人や有機野菜を売っている人とは、やや意見が違います。**有機というのは単なる手法なんです。**「有機じゃないといいものができない」と言う人はいるけれども、それは僕にとっては「ＭａｃＢｏｏｋじゃないと面白い小説が書けない」と言っているようなもので「それ

※有機農法とは、「有機農業推進法」によると、化学的に合成された肥料や農薬を使用しないこと。また、遺伝子組み換え技術を利用しないこと。そして、環境への負荷をできるだけ低減した生産方法で生産していることを有機農業としている

有機農業は「上位」なのか？

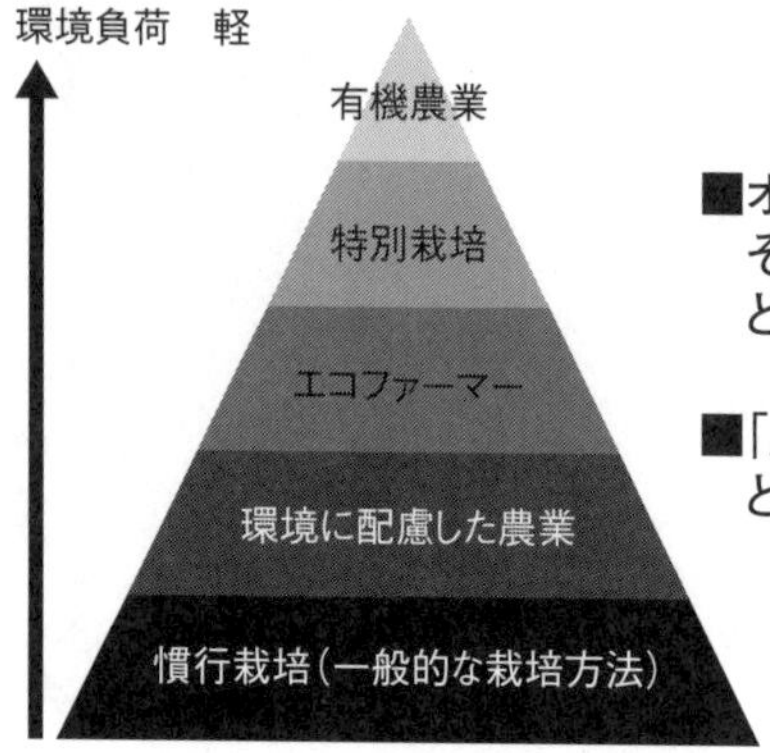

■オーガニック＝有機農産物
それが「自然な」「工業的でない」
という意味に

■「農薬は危険だから有機、
という嘘」

出典：『農家はもっと減っていい』『農業の「学識」はウソだらけ』

は違うんじゃないかな」と思っています。今は国までが有機を上位に位置づけて『有機は環境に良く、質の良い生産物ができるからみんなでやりましょう』と言っているけれど、それはだいぶおかしな話です。

堀江▼最近、その問題が噴出したのがスリランカですよね。大統領※が有機農業政策を打ち出して、化学肥料や農薬を禁止してしまった。それで、セイロンティーの生産量が激減したんです。

久松▼そこに水害が追い打ちをかけて、スリランカの農業はひどい状況です。本当に

※2021年4月、スリランカのラジャパクサ大統領は「化学肥料や農薬の輸入を禁止し、有機農業に完全移行する」と発表。しかし、化学肥料や農薬を使えなくなった農家の収穫量は激減。国内の米の価格が50％急騰し、半年後に有機農業への移行を撤回した

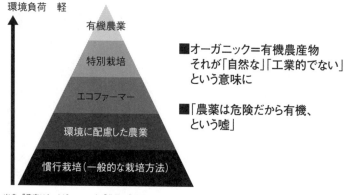

これはシャレにならない愚策ですね。でも、似たようなことを言っている日本の政党もあるので、他人事ではないと思います。

堀江▼特に化学肥料に関して言うと、「化学」と書いてあることで化学調味料じゃないけど、ネガティブなイメージを持つ人が多いと思うんですよね。でも、化学肥料は画期的なテクノロジーなんです。今、世界の人口は約80億人です。もし、世界中で化学肥料を禁止したら、60億人くらいは餓死すると思います。なぜなら、化学肥料の原料となるアンモニアの化学合成技術（ハーバー・ボッシュ法※）が発明されたのは、20世紀初頭（1906年）なんですよ。その時の人口は20億人もいない、16億5000万人くらい。だから、**化学肥料を否定するということは、「世界の人口が5分の1になってもいい」ということになる**。そういう基本的な知識がないのに「化学肥料はよくない！」と言うのは、ちょっと違うのかなと思います。

久松▼そうですね。やはりオーガニックという言葉がインフレーションを起こしている

※ハーバー・ボッシュ法とは、鉄を主成分とする触媒を使って、窒素と水素からアンモニアを作る技術のこと。このアンモニアを原料として化学肥料を作ることができる。また、窒素は空気から得られるので「空気からパンを作る」と表現されることもある

と思うんですよ。オーガニックという概念が「なんとなく良い」と思っている人がすごく増えてしまって、「その思いを満たしてくれる農産物があるんでしょ。それが有機農業なんでしょ」という期待を勝手に抱いてしまう。スリランカの例もあることだし、それはとても危険なことだと思います。

堀江▼僕は「化学的に合成したアミノ酸と、そうじゃないアミノ酸は違う」と思っている人が多いのも不思議でしょうがないんですよ。今は自然界にあるアミノ酸を作る技術が確立されているんです。他にも、例えば「遺伝子組み換えの農作物は怖い」という人がいるけれど、自然界でも遺伝子組み換えは起きているんです。だって、遺伝子組み換えが起きなかったら品種改良はできないですから。なんで、それがわからないんでしょうかね。

久松▼まあ、ここまでいろいろと農業の暗い話をしてきましたが、**本来、農業はとても自由な仕事なんです**。日本の農業は急激に産業化が進んでおり、その流れを止めることはできません。同時に、**資本集約が進めば進むほど、大手が狙わない条件の不利な地域や、扱われないマイナーなアイテムにビジネスチャンスが広がります。****農業はものづくりのプロセスに制約がなく、参入は極めて容易です。**目のつけどころさえ間違わなければ、花は摘み放題の業界なんです。

オリジナリティのある生き方をしたい知的な変わり者にとって、こんなに魅力的な分野はありません。「持たざる者」にこそぜひ挑戦してほしいと思います。

No.08

再定義

“昔から変わらない場”に
可能性を見出す

株式会社 温泉道場　代表取締役社長

山﨑寿樹 Toshiki Yamazaki

Profile

1983年埼玉県生まれ。2006年4月に株式会社船井総合研究所に入社し、日帰り温泉施設の業績アップコンサルティングを担当。2011年3月より株式会社温泉道場の代表取締役社長として、温浴施設の事業再生を推進。埼玉県と三重県で複数の施設を経営。2012年8月から一般社団法人ニッポンおふろ元気プロジェクト代表理事として「おふろ甲子園」等を運営し、業界の知名度向上に貢献する。2020年には株式会社埼玉武蔵ヒートベアーズでBCリーグ球団の運営を開始し、元プロ選手など、話題性のある人材を迎え入れている。

番組公開：2023年3月20日

本対談の「温泉ビジネス」から学べるポイント

❶ 地域文化との融合

▼ブランド展開にあたり、各地域の文化を反映させたデザインを採用。

▼単なる入浴施設ではなく、地域の魅力を発信する場としての役割も担うように。

❷ 多角化と顧客体験の向上

▼スーパー銭湯の進化形態として、カフェやライブラリーなど多様な設備を導入し、幅広い層の顧客を引きつけている。

▼既存の温浴施設の枠を超え、複合的なサービスを提供することで、顧客体験を豊かにし、新たなマーケットを開拓している。

❸ コミュニティとの連携とスポーツビジネス

▼スポーツを通じた地域社会との連携強化にも注目。とりわけ野球チームは多角的な収益が期待できる。

▼ここで重要なのは、ライトユーザーをしっかり取り込めるか。そのためにはコミュニケーションの場としての役割を担保できるかがカギになる。

温浴文化は世界共通。
日本酒も世界で大ブームです。

缶+日本酒が海外でアツい！

金泉俊輔（以下、――） 今回は〝スーパー銭湯の再生請負人〟山﨑寿樹さんにお越しいただきました。山﨑さんは※プロ野球独立リーグの「埼玉武蔵ヒートベアーズ」のオーナーでもあります。

山﨑寿樹（以下、山﨑） ▼ありがとうございます。実は私は、埼玉県物産観光協会の副会長もやっているんですよ。埼玉県には日本酒の酒蔵が32ありまして、その中の24の日

※プロ野球独立リーグは、日本野球機構（NPB）と別の団体が運営しているリーグ。現在、「四国アイランドリーグPLUS」「ルートインBCリーグ」「ヤマエグループ九州アジアリーグ」「北海道フロンティアリーグ」「日本海リーグ」「関西独立リーグ」などがある

本酒を詰め合わせたのが、「埼玉地酒呑み比べセット」です。

堀江貴文（以下、堀江）▼一合缶（180㎖）のセットなんですね。色もカラフルだし、並べると可愛いですね。

山崎▼そうなんです。埼玉県は日本でも有数の酒どころで、**酒蔵数は日本でも上位の県なんですよ。**温泉と野球とお酒は、やはりつながりが深いかなと思って持ってきました。

堀江▼**海外では缶がブームなんですよ。ビールもワインも缶。**瓶みたいに割れる心配がないから、多少、乱暴に扱っても大丈夫。それに、**今、海外は日本酒がめっちゃブームです。**F1の前夜祭に日本酒を30本持って行ったらすぐになくなって。ゲストが「日本酒はもうないのか！」って言うから、「お前ら、飲み過ぎなんだよ」って思いました。今はもうワインより日本酒なんです。

山崎▼そういう意味では、日本酒風呂があるくらいなので、お風呂と日本酒は相性がいいですよね。

堀江▼そう。**温浴文化は世界共通です**。北海道・ニセコの露天風呂とか外国人観光客でいっぱいですよ。「ひと滑りして、温泉入って、ビール飲もう」という感じです。

山崎▼我々も海外進出を考えているので、いい形で日本酒とお風呂をうまく結びつけたいと思っています。

既視感を、どう面白くしていくか

――そもそも、なぜ温浴が好きになったんですか？

山﨑▼船井総研時代に温泉やサウナの担当になり、コンサルティングをしていました。その時に「温泉はみんな同じで面白くない」という声がユーザーさんからあったんです。でも、僕は仕事の影響もあって温泉やお風呂にすごくハマっていて、「だったら、面白いと言われるお風呂を作ってやろう」ということで、12年前に独立しました。

特徴

おふろcafé
年配男性向けで赤字続きのスーパー銭湯を、若い女性向けに改装→売上が2~3倍に。
リラックスコーナー
多くの漫画・雑誌、ハンモックやリクライニングシート、無料マッサージ機あり。
大浴場
風呂はテレビ付き。自分の本なら持ち込みOK。
カフェレストラン、コワーキングスペース
おしゃれなカフェごはん。ラウンジには無料コーヒー。パソコン、Wi-Fi完備。

――今、何店舗くらい手掛けているんですか？

山﨑▼直営店は10店舗（2024年7月現在）で、パートナーシップ店が5店舗です。「おふろcafé」というブランドを中心にやっています。

――今回は温泉ビジネスの今後について伺いたいと思っています。浴場数の推移を見ていくと、「一般公衆浴場」であるいわゆる銭湯が減ってきていて、「その他の公衆浴場」に分類されるスーパー銭湯やサウナなどは2012年からほぼ横ばいの状況

浴場数の推移

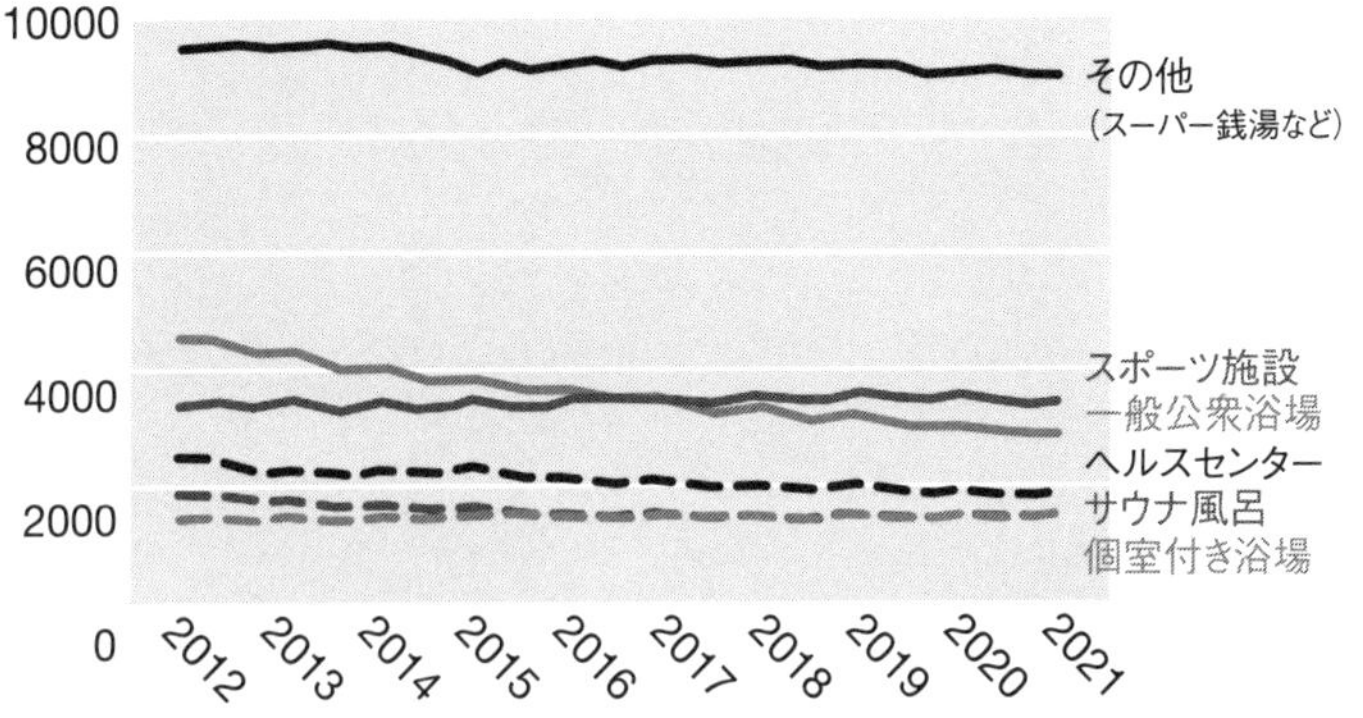

出典:厚生労働省「令和3年度衛生行政報告例」

です。

山﨑▼そうですね。銭湯は事業継承などがうまくいかなかったりして、少しずつ減っています。一方でスーパー銭湯は新しい形態のお店がいろいろとできていて、一定数を維持しています。

堀江▼昔、銭湯は儲かったんですよ。昭和40年代くらいまでは家に風呂がなかったから、みんな銭湯に行っていた。それに、銭湯には補助金みたいなのもありますよね。

山﨑▼はい。**銭湯には上下水道料金や固定**

資産税の減免などがあります。これは、入浴料金の上限が決まっていることやこれまで公衆衛生のインフラとして機能してきたからです。一方で、スーパー銭湯には補助金がありません。

堀江▼だから、銭湯はボロ儲けだったんですよ。何も工夫をしなくても良かった。それでもお客さんが来てくれたんです。言葉を選ばずに言うと、多くの銭湯はやる気がなかったんですよ。でも最近は、やる気のあるごく一部の銭湯が事業継承して店舗数を増やしています。

山﨑▼そうですね。銭湯にクラフトビールが置いてあったり、サウナ特化型だったり。新しい流れができていて、それが話題になっています。

施設をメディアとして活用する

――ちなみに、銭湯とスーパー銭湯は法律的な区分が違いますが、その特徴を教えていただけますか。

山﨑▼はい。「一般公衆浴場」と「その他の公衆浴場」は認可上の免許が違うだけで、浴場の施設などに大きな違いはありません。ただ、一般公衆浴場は公衆衛生の観点で作られているため、浴場数が制限されていて、入浴料金の上限も決められています。そのため、規制業種に近いと思います。一方で、**「その他の公衆浴場」は、浴場数の規制は**

法律上の区分

温泉旅館＝温泉法
→お湯の温度や成分に決まりが設けられ、地域を指定されている。

銭湯＝公衆浴場法（一般公衆浴場）
→地域住民の日常生活において保健衛生上必要なものとして利用される。
→入浴料金が統制されている。
→水道料金や税制上の優遇措置がある。

スーパー銭湯＝公衆浴場法（その他の公衆浴場）
→一般公衆浴場以外の公衆浴場。
（健康ランドやサウナ、スポーツ施設付帯の浴場、福祉施設内の浴場、岩盤浴など）。

ありませんし、入浴料金も自由に決められます。そして、ボディケアやホテルが併設されているなどいろいろな業態があります。

――東京都の「一般公衆浴場」の銭湯の数は戦後のピーク時には約2600店舗あったのが、現在は約500店舗まで減っています。にもかかわらず、一浴場あたりの平均入浴者数は増えているようですが、その理由はなんですか？

山﨑▼やはり、いろいろな特徴を出して集客に力を入れているからでしょう。特徴のある銭湯はメディアに取り上げられて、新

銭湯件数と1浴場1日当たりの平均入浴者数

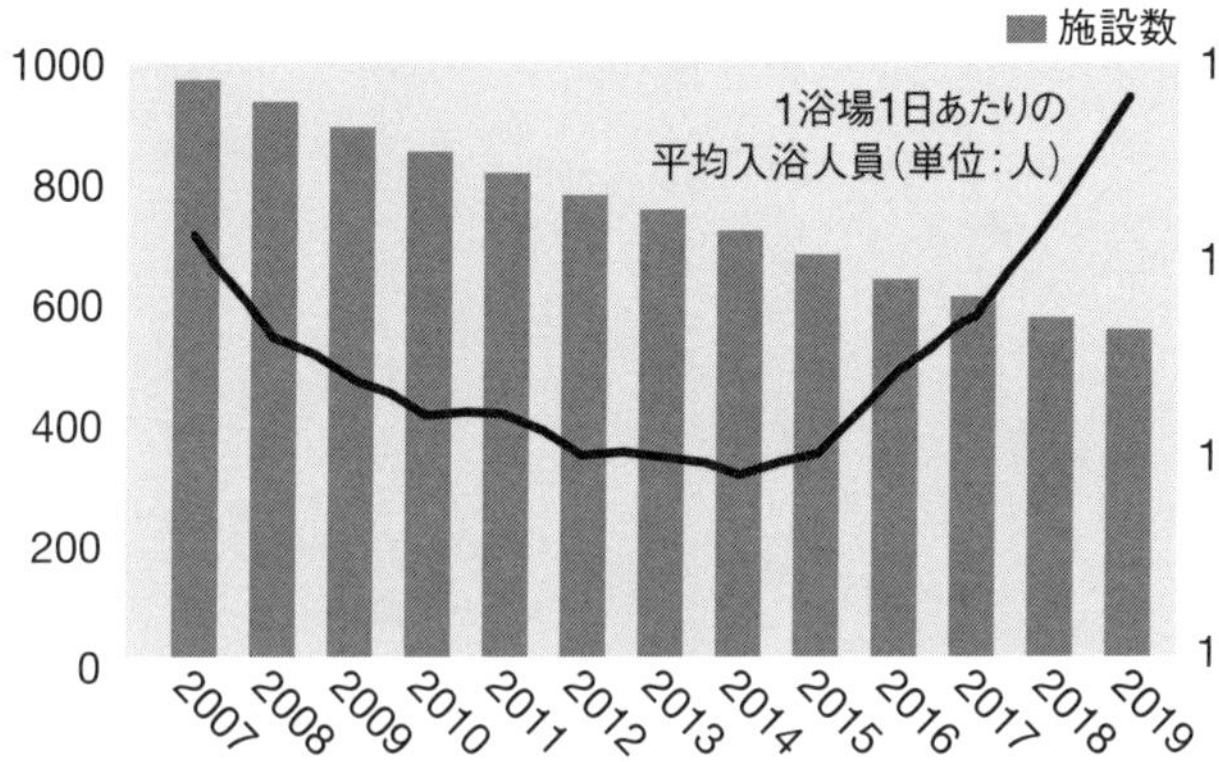

出典:東京都生活文化局

しいお客様が来られるようになっています。特に都心部の銭湯は大きく伸びていますね。

――「その他の公衆浴場」である、スーパー銭湯はいかがでしょうか。

山﨑▼スーパー銭湯というと、サウナやジャグジー、水風呂や露天風呂などさまざまな種類の浴槽があるというイメージがあると思いますが、最近は浴槽のバラエティだけでなく、カフェが併設されていたりライブラリーがあったり、**「お風呂に入っていない時間も楽しみましょう」**という業態

が多くなってきた印象があります。また、スーパー銭湯のお客様はこれまで年配男性が中心でしたが、最近は若い女性のお客様も増えています。特に我々が運営している「おふろcafé」は20代の女性も多いです。

――「おふろcafé」は、都内にはあまりないですよね。

山﨑▼そうですね。埼玉県や神奈川県など都心から少し離れたところが多いです。でも、**遠方にあることで、3000円程度で1日ゆったり過ごせるリーズナブルな価格設定ができています**。友達の家で一日ゆっくり遊んでいるような感覚になれると思います。

――しかも、それぞれの「おふろcafé」でコンセプトが違っている。

山﨑▼はい。私たちが運営している「おふろcafé」は、もともとあったスーパー銭湯をその地域の特徴に合わせてリノベーションしています。例えば、北欧風にしたり、ボタニカルにしたり、発酵食を楽しめたり、味噌樽をイメージしたソファがあったり……。施設運営を通じて地域の特徴や商品をPRしたり、施設をメディア的に使って発信するということもコンセプトにしています。お風呂にかけて〝**地域を沸かす**〟と言っているんです。

堀江▼なるほど。

山﨑▼温浴施設はリノベーションでも数億円の投資が必要です。一から造ると20〜30億円です。そして、一度、建ててしまったら「うまくいかないから」といってすぐにやめることもできません。ですから、その場所や地域に合ったコンセプトをしっかりと立ててから進めています。

「北欧みたいな空間でお洒落にダラダラ」というキャッチコピーを掲げる、「おふろcafé utatane」(埼玉県さいたま市)。北欧をイメージした館内に、セルフロウリュ（利用者自身がサウナストーンに水をかける入浴法）できるサウナコタなどのスポットがある。

「温泉と発酵食。長い時間が生み出すくつろぎを」というキャッチコピーを掲げる、「おふろcafé白寿の湯」(埼玉県児玉郡)。関東有数の泉質を誇る温泉と、糀などを使ったメニューで、体を内外から整える湯治体験や、サバなどの名物料理を楽しめる。

スーパー銭湯で「風呂に入らない」？

堀江▼類似業態だとスポーツジムがありますよね。スポーツジムって、お風呂に入ることが目的で会員になっている高齢者が多いらしいですよ。お風呂に入って、おしゃべりをしているだけで、運動はしない。「ドーミー・イン」※もそうですよね。大浴場があって、乳酸菌飲料やアイス、夜鳴きそばがタダで食べられる。みんな、それ目当てで泊まっていますよね。

山﨑▼そうですね。**「おふろcafé」には、お風呂に入らないお客**

※ドーミー・インは、株式会社共立メンテナンスが運営するビジネスホテル。大浴場やサウナがあり、夜鳴きそばや湯上がりアイスなどが無料で提供されるほか、ご当地メニューがある朝食バイキングなどが特徴。顧客満足度でも常に上位に入っている

様も来るんですよ。ある日、お風呂に入ったのかなと思ったら、濡れていないタオルが返却されていた。それで調べてみると、お客様がコミュニティスペースみたいな形で使っていたんです。

堀江▼Ｗｉ‐Ｆｉが使えれば、コワーキングスペースとして使う人がいるかもしれませんね。ある程度の人がいて、わいわいしていたほうが仕事がはかどるという人もいるでしょうし、仕事が終わればお風呂に入ることもできる。

山﨑▼確かにコロナ禍の最中は、仕事をしているだけでなく、大学の授業をリモートで受けている学生さんもいました。そういう意味では、**お風呂だけでなくサードプレイス（自宅や職場以外の場所）的に利用しているお客様も増えてきた印象があります。**

堀江▼コロナ禍の時は大変だったでしょう？　大浴場にマスクを着けて入っている人がいましたもん。

山崎▼新型コロナの影響を思い切り受けた業種なので、コロナ禍の1年目は大変でした。ですが実は、**温浴施設は室内が曇らないようにクオリティの高い吸排気システムを設置しているところが多いんです**。実際に我々の社員も新型コロナにかかる人は少なかった。それは、換気がいいのに加え、塩素を使って日常的に消毒しているからです。そういう意味では、イメージ以上に安全な場所なんじゃないかと思います。ただ、それをなかなかお伝えできなかったのが残念です。

——料金設定は、どのようにして決めているのですか？

山崎▼地域によって多少差があるんですけれども、入館料が1日1200円から1500円くらいで、それに食事代が2000円くらいの設定にしています。ですから、大体3000円くらいで1日楽しめるというイメージです。

スポーツビジネス、儲けのツボ

――山﨑さんは、独立リーグ「埼玉武蔵ヒートベアーズ」のオーナーでもありますが、どんなきっかけでオーナーになられたんですか?

山﨑▼もともと野球が好きだったということもあるんですが、我々の埼玉県内の温浴施設には、年間約140〜150万人のお客様にいらしてもらっています。そこで、スポーツを通じてお風呂や食の事業や文化を広めていきたいと思ったんです。また、それが埼玉県の地域おこしにもつながるのではないかと思ったからです。

堀江▼そもそも、野球ってもっとたくさんチームがあってもいいんですよ。だって、広島カープの2019年度の売上は約169億円ですよ。**2004年は約60億円でしたから、15年で売上が3倍になった。**他の球団も同じくらいだと思います。なぜなら、投手は負担が多いから毎試合変えなければいけないけど、野手はそれほど負担が多くないから毎試合出られる。だから試合がたくさんできて、物販の売上も上がる。野球はサッカーと比べてモノが売れるビジネスなんです。

山﨑▼売れますね。

堀江▼だって、野球を見にきた人は好きなチームを応援するために野球帽を買うでしょ。他の応援グッズも買う。食べ物や飲み物もイニングの交代時に買いに行ったりするじゃないですか。だから、今はどこの野球場もボールパーク化（試合だけでなく、食事や買い物なども楽しめる）していて、熱狂的な野球ファン以外の人も球場に遊びに来ているんです。年間シートがほぼ埋まっている球団もありますよ。それだけ人気があるのだから、プロ野球チームはもっと増えてもいいんです。

山崎▼そうなんです。独立リーグの1球団あたりの売上は1、2億円程度です。埼玉武蔵ヒートベアーズが所属している「ＩＰＢＬ（日本独立リーグ野球機構）」は、現在20チームですが、加盟していないチームも10くらいあるので、全体で30チームです。それでも30〜40億円くらいの売上にしかなっていません。ＮＰＢ（日本プロ野球機構）とは雲泥の差です。でも、独立リーグを盛り上げることで、地方に10〜20億円くらい売り上げる球団をたくさん作ることができるかもしれない。それが地域おこしにもつながると思っています。

——サッカーＪリーグのＪ1、Ｊ2、Ｊ3みたいな形が理想ということですか？

山崎▼そうですね。ただ、我々はＮＰＢとの交流戦もやっていて、例えば埼玉武蔵ヒートベアーズは西武ライオンズさんや読売ジャイアンツさんとも試合をさせていただいているので、そうした交流戦がもう少し増えてもいいかなと思っています。

堀江▼NPBのイースタン・リーグは8球団、ウエスタン・リーグは6球団に増えたんですよね。

山﨑▼はい。今、そういったNPBの2軍の編成予算は、一球団あたり15億円くらいです。独立リーグは、その〝3軍〟みたいな立ち位置なんですが、イースタンやウエスタンのチームが増えることで、独立リーグの数や売上も上がっていくんじゃないかと思っています。例えば、**各県に1球団ずつあっても成立すると考えています**。そのためには、やはりその地域の風土に合った球団でなければいけない。そして、ローカル球団は「気軽にすぐ見に行ける」ことが重要だと思うので、地域の多くの人が楽しめるボールパークのような施設を作っていきたいと思っています。

80万のチケットが飛ぶように売れる

堀江▼みんなが、だんだんスポーツビジネスをわかりはじめていると思うんですよ。こう言うとガチの野球ファンから怒られそうだけど、野球は〝酒のつまみ〟みたいなものなんです。メインは人とのコミュニケーションです。お花見がわかりやすい例かもしれませんが、お花見に行っても花をずっと見ているわけではないですよね。そこでのコミュニケーションが楽しいんです。

山﨑▼あと、ＮＰＢはライトなユーザーが多いんです。でも、独立リーグはマニアックなファンが多い。ライトなユーザーがあまりいないんですね。

堀江▼そう。**だから、気軽に見に来てくれるライトユーザーを増やさなければいけない。そして、もうひとつは社交の場にすること。**F1はそれをうまくやっているんですよ。F1は「パドッククラブ」※というサーキットのVIPシートがめちゃくちゃ売れているんです。**3日間で80万円くらいするのに、飛ぶように売れている。**でも、そのパドッククラブにいる人の大半は、実際のF1レースをモニターで見てるんですよ。それじゃあ、家で見ているのと変わらないんだけど、「パドッククラブ」にいる人たちと話したりして、その場の雰囲気を楽しみに来ているんです。今はスポーツ観戦もそういうふうに変わってきていますよね。

山崎▽そうですね。パドッククラブみたいに、おいしい料理が食べられて、おいしいお酒が飲めて、ゆったり観戦できる。そういうところが野球場には少ないので、それを増やしていくことで少しずつ変わっていくかもしれませんね。特に我々は首都圏に近い球

※パドッククラブは、モータースポーツのフォーミュラー1世界選手権（F1）で、招待客などのために特別に設置された観戦ラウンジ。シャンパンなどのアルコールやソフトドリンク、ビッフェ形式の昼食などが提供される

団ですし、私は独立リーグの役員もやらせていただいているので、堀江さんから刺激とアドバイスをいただきながら、独立リーグを盛り上げていきたいと思います。

――では最後に、山﨑さんがおすすめする温泉やスーパー銭湯などを教えていただけませんでしょうか。

山﨑▼日帰り温泉で個人的に一番好きなのは、**神奈川県・箱根湯本《はこねゆもと》にある「天山湯治郷」です**。ここは日帰り温泉の老舗です。私は半年に1回くらいのペースで温泉に浸かりに行っています。

ふたつめは、宿場をイメージした**神奈川県・保土ケ谷《ほどがや》にあるスーパー銭湯「天然温泉満天の湯」です**。相模鉄道・相鉄本線「上星川《かみほしかわ》」駅から徒歩1分くらいのところにあって、サンダルで通えるようなカジュアルさが魅力です。

3つめは**熊本の「湯らっくす」**。オーナーさんがサウナ愛に溢れているので、温泉もいいんですが、ぜひサウナも試してみてください。

4つめが**東京・池袋《いけぶくろ》の「かるまる」**。ここの立って入るサウナは面白いです。

5つめは**北海道「森のスパリゾート 北海道ホテル」**。ここもサウナ愛に溢れていて、すごくクオリティが高いです。

最後が**長崎県の「平山旅館」**。源泉かけ流しの温泉が抜群です。女将さんがパワフルで、料理もすごくおいしいです。

最後になりますが、温泉道場は、「おふろから文化を発信する」という理念のもとに事業を作ってきました。おふろから、地域の衣食住の文化を発信する「地域のショールーム」のような施設にすることで、地元の方はもちろん、地域外の方も来られるような交流拠点ができると考えています。

実際に我々が関わっている施設は、すべての施設、ひとつひとつが異なるコンセプトや世界観を持っています。**地域の良さを伝えられるショールームになれるような拠点を作っていくことが、地域活性化のひとつのポイントなのではと考えています。**

No.09

流通

それを制する者が
ビジネスを制する

羽田市場株式会社
代表取締役社長CEO

野本良平 Ryohei Nomoto

Profile

1965年千葉県生まれ。実家の食材卸会社で勤務したあと、2006年に株式会社銚子丸に入社し、その後エー・ピーカンパニーで副社長を務める。2013年からは株式会社柿安の常務執行役員を務めた。2014年には株式会社エムエクエア・ラボの取締役副社長に就任し、同年に羽田市場を創業。さらにCSN地方創世ネットワークを設立するなど、多方面で活躍している。

番組公開：2023年10月16日

本対談の「漁業と流通」から学べるポイント

❶ 超速流通網の構築

▼流通効率の向上は、ビジネスの競争力に直結する。

▼空港の中に拠点を作ることで、漁業者が朝獲った魚をその日のうちに店頭に並べるという仕組みは、流通業界に革命をもたらした。

❷ 状況変化への対応

▼コロナ禍で漁業者の収入が急減した際、野本氏は「漁師さん応援プロジェクト」を立ち上げ、借金をして魚を買い支えた。

▼その後、ECサイトを活用して魚を販売し、成功。一般家庭におけるまとめ買い需要にしっかり応えつつ、SNSやインフルエンサーを活用したことも成功の一因に。

❸ リソース不足は科学的対策を！

▼現在、日本の漁獲枠はクロマグロ以外、機能していない。科学的なデータに基づいた資源管理ができないと、その産業は先細りになってしまう。

ふるさと納税の上位の自治体は、たまたま近くに水産加工場があったりするケースが多いんですよ。

超速流通網は、いかにして生まれたか

金泉俊輔（以下、――）「羽田市場株式会社」代表の野本良平さんは、2014年に「羽田市場」を設立しました。羽田空港を拠点にし、漁業者が朝獲った魚を空輸して、その日の昼に店頭に並べるという超速流通網ビジネスが話題になっています。そのため、野本さんは〝流通業界の革命児〟と呼ばれています。

野本良平（以下、野本）▼そんな大それたことではないんですけど、自分の家が業務用の食品問屋をやっていまして、小学生時代から仕分けをやったり、伝票を書いたりと家の手伝いをしていて、そのまま父親の会社に入っちゃったんです。その後に居酒屋チェーンに行っても、仕入れや買い付けばかりしていたもので、これ以外やったことがないんですよ。子供の時から流通一筋なんです。ですから〝革命児〟と言われるのはありがたいんですけど、普通に「こうしたらもっと良くなるんじゃないの」ってやっていたら、今の形ができたという感じです。

堀江貴文（以下、堀江）▼それが〝超速流通網〟なんですね。

野本▼そうですね。勤め人の時の会社が、羽田空港の近くに流通の拠点を作っていたんです。羽田に着いた荷物を、航空会社や運送会社経由で拠点に運び、拠点で解体してから各店舗に配達していました。でも、それだと飛行機が朝9時に着いているのに、拠点に運ぶまで2時間くらいかかってしまうんです。飛行機が少し遅れただけで当日の配送が間に合わなくなる。だったら、**空港の中に拠点を作っちゃえばいいと**

羽田市場とは

■日本各地の鮮魚を輸送・販売
→契約漁師・漁業者が獲った魚介類を空輸によって羽田に集め、その日のうちに首都圏の飲食店に届けるシステムを確立。

■東京駅構内「回転寿司羽田市場」など飲食店を直営・フランチャイズ展開

■産地から店着する「超速鮮魚」
→青森の新深浦町漁業協同組合から産直される天然生本マグロ、北海道紋別漁港にて直接買い付けた活ホタテなど。

▶▶▶ 「業界の革命児」と呼ばれる

思ったんです。

──そのアイデアは、いつ頃思いついたんですか？

野本▼居酒屋チェーン店で働いていた時です。でも、私が勤めていた会社は魚業態が20店舗くらいしかなかった。だから、その20店舗のために高い家賃（月額およそ300万円）を支払うことは難しかったんです。それで、うちのチェーン店だけでなく、1000店舗くらいのお客様に販売できれば、成立するんじゃないかと考えたんです。そのためには、鮮魚の仕分け場や加

羽田市場の超速流通網

卸売市場を通さない独自の超速流通網を整備

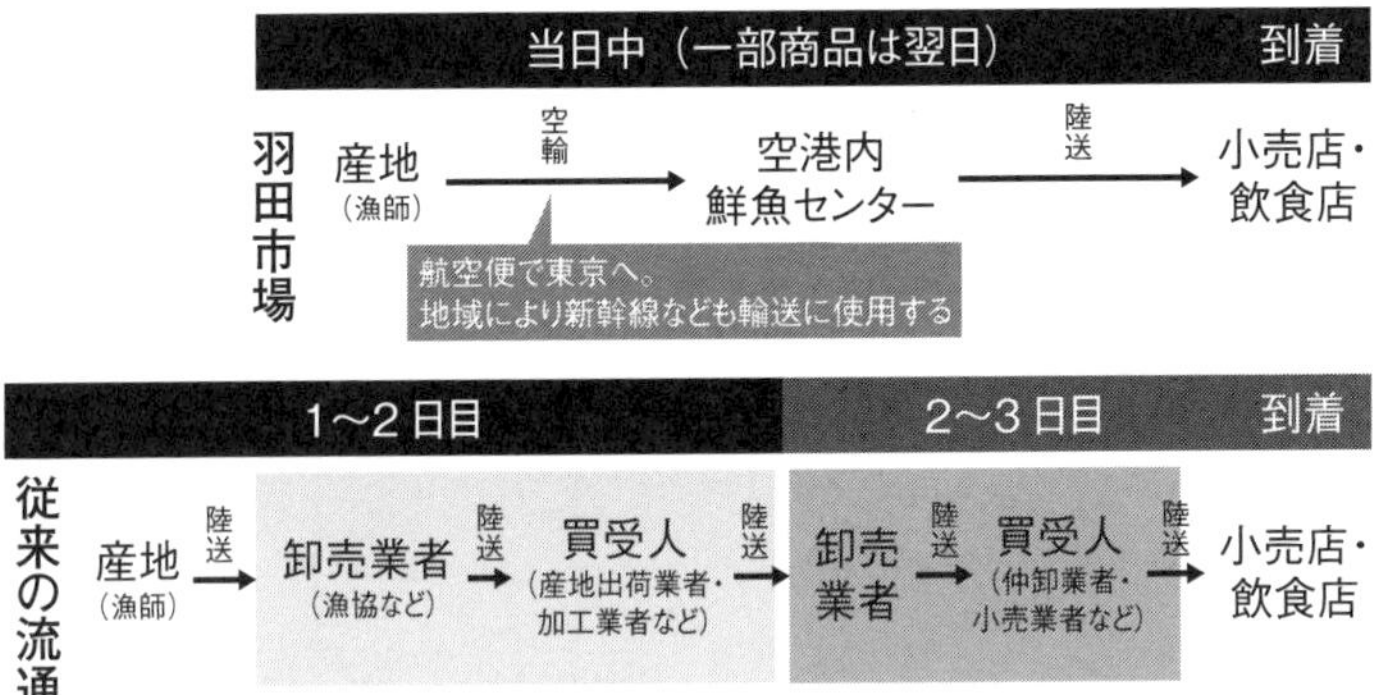

出典：日経クロストレンド

工工場を、空港の貨物地区の立ち入り禁止エリアに作る必要がありました。そのため、航空局や施設管理会社の許可を得なければならないことが大変でしたね。それと、当時のヤマト運輸の課長に「ここのエリアは排水口がないから、浄化槽をつけないとダメじゃない？」と言われて非常にガッカリしたことを覚えています。施設の管理会社に確認したところ、幸い立派な排水口があったので、「あぁ、間違いでよかったな」と安心しました。それから、特殊な場所に大きな施設や大型冷蔵庫、大型冷凍庫を建設するので、保証金も高額になります。すべての費用見積額は数億円にもなりました。知り合いに投資家を何人も紹介してもらって、投資家回りをして資金調達に奔走しましたね。

そんな中で、施設管理会社の部長さんが「君のやろうとしていることは本当に面白い」と全面的に応援してくれたのがありがたかったです。ベンチャー企業が空港の中で新しいことをやろうとすると、なにかにつけ反対してくる輩も多かったですから。

逆風の中に勝機もある

堀江▼でも、地球温暖化による環境の変化が起きているから、漁業は大変ですよね。僕は北海道でロケットの会社をやっているので、漁業協同組合[※]（漁協）さんとも付き合いがあるんですけど、最近はサケが獲れなくなって代わりにブリが獲れるようになったらしいんです。でも、「ブリが獲れてもどうしていいのかわからない」って言うんですよ。僕は「ブリしゃぶにでもすればいいじゃん」と思ったんですけどね（笑）。

野本▼北海道の場合、ブリを買い付ける仲買い（問屋と小売の間に入る人）も少ないと

※略称は「漁協」または「ＪＦ」。ＪＦはJapan Fisheries cooperative の略。漁業者による共同組合で、組合員への操業指導や燃料、漁具などの販売。生産物の販売。銀行業、保険業などを行なっている

思います。だから「送り」と言われている人たちが、ブリを買い付けて東京・豊洲市場に送っている。北海道で加工するにしても、サケを扱っている人たちはブリを触らないんです。サケしか触らないから加工もできない。また、今は日本海側にフグも増えていますよね。**5、6年前はオホーツク全体で10トン獲れればいいほうだったんですが、今は200トンを超えています**。しかも、1kg、2kgとでかいマフグだから、めちゃくちゃおいしいんですよ。

堀江▼フグは職人さんも必要になりますからね。

野本▼そうなんです。北海道はフグの調理免許を持っている人も少ないんです。あと、フグは毒があるから触りたくないという仲買いも多い。フグの免許を持っていて、加工施設を持っている会社は本当に少ないんです。紋別《もんべつ》市だとうちくらいじゃないですか。

堀江▼じゃあ、北海道の大樹町《たいきちょう》にも作ってくださいよ。というのも今、※ふるさと納税

※北海道大樹町のふるさと納税の返礼品には、2023年度から民間ロケット開発会社「インターステラテクノロジズ社の工場見学」（寄付額10万円）や「ロケットエンジンの爆発のかけら」（寄付額1万円）、ロケット発射場に名前を刻める応援プレート（寄付額1万円）、堀江貴文の講演開催権（寄付額800万円）などを揃えた。また、大樹町はスペースポート（宇宙港）の建設・運営資金として2016年から「企業版ふるさと納税」を開始。2020年度から2022年度の3年間でのべ164社、約22億円の支援を受けた。企業版ふるさと納税は企業が自治体に寄付をすることで法人関係税が控除される

ビジネスをめちゃくちゃ強化しているんです。ふるさと納税の上位の自治体は、たまたま近くに水産加工場があったりするケースが多いんですよ。

野本▽紋別がそうです。

堀江▼紋別なんか、まさにそうでしょうね。しかも、ふるさと納税で売れる商品ってほとんど決まっているんです。カニとかイクラ、ウニなんかが上位です。あとは〝訳あり品〟が売れる。例えばイクラを抜いた後のサケの身を切って、10kgで何千円みたいな品が売れるんです。

予想外のピンチをどう乗り越えたか

——野本さんは「漁師さん応援プロジェクト」にも取り組んでいますよね。**コロナ禍で浜値（仲買いが買う最初の値段）が急落した時に、1億円以上の借金をして魚を買い支えた。**

野本▼浜値が暴落していたのは、ちょうど新型コロナが広まり始めた2020年の3月くらいだったと思います。例えば、年末だったら1万円くらいするようなキンメダイが1300円とか、異常なまでに下がっていました。キンメダイは漁獲量が決まっている

漁師さん応援プロジェクト

■2020年コロナ禍で浜値が急落し、
漁師が窮状に立たされる

→1億円以上借金して、魚を買い支える。

■プロが使うグレードの高い商品を、
一般のお客様に幅広く販売

→通販サイト「漁師さん応援プロジェクト」立ち上げ。

ので、1万円するものが1300円だと、船の重油代にもならないんです。

堀江▼そうでしょうね。

野本▼それで「だったら、銀行からお金を借りてうちが買い取ろう。7月にはオリンピックがある。5月くらいになったらコロナも収束するだろう。その時まで冷凍保存しておいて、回転寿司チェーン店にでも買い取ってもらおうかな」って考えていたんです。そうしたら、どんどんひどくなって、5月になったら緊急事態宣言が出てしまった。だから「これをなんとかお金に変えないと大変なことになる」と思って、ネットで簡単に自分のお店を開けるECサイトを見つけて、スマホで写真を撮って、イクラとホタテと釜揚げシラスを売ったんですよ。そして、フェイスブックで友達に「ちょっと困っているから買ってくれ」って投稿したら、1日でかなり売れました。その後もインフルエンサーの知り合いに「ちょっと助けてくれないか」って言ったら、その人が広めてくれて、結構、売れるようになったんです。

——コロナ禍で家にいるけれども、おいしいものは食べたいという空気はありましたからね。

野本▼価格が安かったのもよかったんだと思います。例えば、普段は1kg5000円の釜揚げシラスを1kg880円とかで売ったんです。

堀江▼それは売れるでしょう。

野本▽（一般家庭と違って）我々の世界の扱う魚の単位って大きいんですよね。1kg、2kgじゃないですか。それがなんで売れたんだろうと思っていたら、今は「コストコ」や「業務用スーパー」などで1kgくらいの冷凍品を買ってきて、半解凍して包丁で10個に切ってラップで包んでいる主婦の方とかがすごく多いらしいんです。それで、あんなに売れたんだなと思いました。

堀江▼最近は保存用に冷凍ストッカーを持っている家も多いですよね。特に地方は家が広くて場所があるから。

そういえば今（2023年8月）、中国が※日本の水産物を輸入停止にして、ホタテが大変なことになっていますよね。ホタテって、貝柱を取るのが面倒くさくて、人間の手でやるしかないんですが、それを中国でやっていたんです。でも、中国が日本の水産物を輸入停止にしたから、貝柱を取る作業ができなくなっている。日本でそんな面倒くさい作業を安い賃金でしてくれる労働者はいません。それから、加工も中国でさせていま

※中国は、2023年8月に福島第一原子力発電所のALPS処理水（福島第一原発の建屋内にある放射性物質を含む水について、トリチウム以外の放射性物質を安全基準を満たすまで浄化した水）を日本が海洋に放水したことを理由に、原産地を日本とする水産物の輸入を全面的に停止すると発表した。すると、北海道産のホタテなどが禁輸による影響が大きいとして、農林水産大臣が「ホタテをひとり5個食べて」などと呼びかけた

したよね。

野本▼そうですね。中国に輸出しているのは原料貝といって、海から揚げたばかりの殻が2枚ついているホタテです。それを冷凍して段ボール箱に詰めて、何百トンも送っていました。中国では、それを解凍して、殻をむいて、**水と薬品で身を1・5倍くらいに膨らませるんです**。すると、めちゃくちゃ粗悪品になるんですよ。焼くとシューッと小さくなってしまう。でも中国は、それをアメリカや台湾、香港などの近隣諸国などに輸出している。中国国内では消費しないんです。そういう粗悪品を作っているのに、その箱には「日本産原料」と書いてある。だから、「日本のホタテって、こんなものか」って世界中に粗悪品をアピールしているようなもんなんですよ。

堀江▼そうですよね。

野本▼本当は北海道漁業協同組合連合会※とかが、全部買い支えて自分のところで海外輸

※北海道漁業協同組合連合会は、北海道内の漁業共同組合によって組織された連合会。愛称は「北海道ぎょれん」。「理念は日本の水産物の4分の1の水揚げを誇る北海道で獲れた魚介類を安定して届ける」こと。ほか、「生産者との絆を深め、魅力ある漁村づくりに取り組む」ことも目指している

出をやればいいんです。でも、ホタテって殻を開けるとウロという黒い内臓の部分があって、そこに貝毒があることが多いんです。貝毒の危険性のあるものは、魚連として扱えないというルールがあるんですね。

堀江▼そうなると、もう捨てるしかなくなりますよね。

野本▽ただ、もうひとつの方法として、中国がダメならベトナムとかタイに送って、向こうで殻をむいてもらうというルートはあると思います。

日本の漁場が世界最高である理由

――他にも日本の魚介類に関しては、中国がマグロなどを高値で買い付けているという問題があります。

堀江▼寿司ブームですからね。日本の寿司チェーン店も海外に進出して、どんどん利益を上げています。それに回転寿司チェーンでは、シャリ玉ロボットがシャリを握って、それにネタを乗せているだけだったりします。職人さんが握る必要はないということがバレちゃったんです。シャリ玉ロボットがあれば、あとは魚を買ってくればいい。その意味でも、日本は本当にいい漁場なんですよね。

野本▽そうです。最高の漁場です。

堀江▼江戸時代に「※俵物《たわらもの》」ってありましたよね。日本産は当時から高級品だったんですよ。

野本▽フカヒレとかイリコとかを俵に詰めてましたよね。

堀江▼はい。ナマコもそうだし、ホタテやアワビもそうです。それらを干して中国に輸出していたんです。中国の沿岸よりも、日本の沿岸のほうが海流などが複雑に入り組んでいるし、火山の影響もある。**火山は地中からミネラルを噴出しています。それに、日本は山が多いからミネラルを多く含んだ川の水がダイレクトに海に流れ込む。**だから、めちゃくちゃ海の栄養価が高いんです。

※俵物とは、乾燥させたアワビ、ナマコ、フカヒレ、コンブ、スルメ、天草、トサカノリなどを俵に入れて輸送したことからそのように呼んだ。特にアワビ、ナマコ、フカヒレは中国では高級食材で「俵物三品」として珍重された

中国は平野が多いから、ミネラルなどの栄養素が大地に吸収されて海には流れ出ていかない。そういうことも影響していて、日本はすごくいい漁場になっている。

野本▼日本は親潮（寒流）と黒潮（暖流）が東北の三陸沖でぶつかって、そこでプランクトンが繁殖して、小魚が集まって、マグロなどがその小魚を食べにくるんです。三陸沖は世界三大漁場のひとつですよね。それから、佐渡島《さどがしま》の沖200kmくらいのところも同じように寒流と暖流がぶつかっている。だから、イカがものすごくたくさん獲れるんです。

堀江▼リマン海流（寒波）と対馬海流（暖流）がぶつかっているんですよね。

野本▼はい。でも、そこで北朝鮮の船が魚を乱獲しているんです。中国も来ていて、※EEZを日本船が通航しようとすると、水産庁や海上保安庁の船が「危険だから」って止めるんです。でも「そこは日本の領土だろう」って、漁業者はすごく怒っています。

※EEZ（排他的経済水域）とは、別名「200海里（約370km）水域」。石油などの天然資源の採掘や、漁業、科学調査などを他の国に邪魔されずに行なえる水域のこと。ただし、他の国の船が通ったり、飛行機が上空を飛んだりすることは許されている

機能不全に陥っている資源管理

――海産物の値段が上がっていく中で、日本はどんな戦略をとったほうがいいと思いますか？

野本▼まず、**日本は乱獲をやめなければいけません**。ノルウェーのサバって脂がギトギトにのっているんですけど、一年中獲っているわけではなくて、**9月から11月の時期しか漁をしないからあれだけ脂がのっているんです**。一方で日本ではサバを一年中獲っています。

堀江▼そのへんを水産庁はどう考えているんですか？

野本▼漁獲枠を設定してはいます。例えば、今、サンマが全然獲れていませんよね。去年（2022年）のサンマの漁獲枠って15・5万トンくらいなんです。でも、そのうち1・7万トンしか獲れませんでした。1950年代のように資源が200万トンあるなら、漁獲枠が60万トンでも親がたくさん残っているから、産卵をしてまた増えます。でも、その親をほとんど獲ってしまったらサンマの数が減るのは当たり前です。だから、サンマが2万トンしかいないんだったら、漁獲枠は5000トンくらいに抑えなければいけない。**漁獲枠がクロマグロ以外、機能していないんですよ。**

堀江▼逆にクロマグロはなんで機能しているんですか？

野本▼県ごとに漁獲割り当てをやっていて、決められた漁獲枠を大幅に超過した都道府県は割り当てをゼロにするなど厳しい政策をとっているからです。

堀江▼僕もたまにマグロを釣りに行ったりしますけど、あれはめっちゃ楽しいですよね。

野本▽ただ、今は釣り人にも漁獲枠がついています。

堀江▼でも、クロマグロでできて、サバやサンマでできないのはなぜなんですか？

野本▽科学的なデータに基づいた資源管理ができていないからです。サンマ、スルメイカ、マアジ、マサバといった主要な大衆魚の不漁がずっと続いています。漁獲枠の設定が大きすぎたり、禁漁期間を設けなかったり、幼魚も卵を持った魚も一網打尽にしたりしているからです（これを成長乱獲と呼びます）。日本の漁業はサスティナブルじゃないんですよね。獲れない理由については、海水温の上昇、中国や北朝鮮などの外国船による乱獲などが報道されます。しかし、外国船が入ってこられない瀬戸内海や大阪湾でも魚は激減していますので、それは理由にはなりません。

堀江▼じゃあ、漁獲量を制限すればすぐに資源は回復しますよね。1992年にハタハタの漁獲制限をやりましたよね。ハタハタって秋田県の県魚で、郷土料理のしょっつる鍋に入れたりするんですが、一時期、獲れなくなったんですよ。それで3年間くらい禁漁にしたら、今は普通に獲れています。

野本▼ノルウェーも日本が数の子を大量に買ってくれるので、ニシンをたくさん獲っていたら1970年にほぼゼロになったんです。**それで1970年から1990年までの20年間、禁漁にした。**そうしたら奇跡的な回復をして、今やニシン漁はノルウェーの主要産業です。

堀江▼だから、漁業で重要なのはやっぱり資源管理なんですよ。クジラもそうですよね。商業捕鯨の反対運動のせいでクジラが増えすぎちゃったんです。それで何が問題になったかというと、寄生虫のアニサキスです。アニサキスの最終宿主はクジラやマグロなんです。クジラは大きいから体内でアニサキスが大繁殖して、産卵して、卵が排泄物と一緒に海に放出される。結果、卵からかえったアニキサスが他の魚介類に寄生することにつながる。

だから、日本が2019年にIWC（国際捕鯨委員会）を脱退して捕鯨をするようになったのは正しかったと思います。「クジラなんか食べなくていい」とかいう人がいますけど、そういう問題じゃないんです。

シラスの軍艦巻きが一皿2000円に!?

——最近はシラスが大不漁ということですが、これはどうお考えですか。

野本▼シラスも、とにかく獲りすぎなんです。シラスって稚魚じゃないですか。獲れば減るのは当たり前ですよね。だから、神奈川県や静岡県では禁漁期間がある。でも、禁漁期間がない県もある。だから減るんです。例えば、**10年後の回転寿司チェーン店では、シラスの軍艦巻きが2貫で一皿2000円になるとも言われているんですよ。**それくらいのところまできているのに、水産庁は何も手を打たないんです。**クロマグロ以外は「取り放題で早い者勝ち」がこの国のルールです**。アジ、サバ、イワシ、スルメイカ、サンマ、スケトウダラなどの大衆魚は、漁獲枠が機能していません。シラスウナギも、今ひどい状況で**1kg250万円**なんです。

堀江▼250万円？

野本▼はい。2018年は300万円まで上がりました。稚ウナギを池入れするのに、今年は15トンくらいあったんですけど、そのうちの3分の1が輸入もので、**3分の1が出所不明なんです**。密漁です。

儲かる日本の密漁事情

堀江▼『ヒソカニアサレ』（小学館）という漫画があって、その作品は密漁がテーマなんですけど、暴力団が密漁組織を作っているんですよ。

野本▼地方には暴力団の準構成員みたいな人がいるみたいです。「118番」という「119番」の漁業版があるんですけど、夜中に「友達が溺れた」とか「友達が潜ったまま上がってこない」とかの通報が増えているそうです。それで「海水浴してました」とか言うらしいんですが、「それ、絶対に密漁だろう」って。

堀江▼アワビとかナマコの密漁が多いんですけど、中国に送ったり、日本の沿岸沿いとかで売ったりしているんですよね。

野本▽今の法律だと密漁犯は「3年以下の懲役または3000万円以下の罰金」なんです。でも、**「3000万円の罰金を払っても儲かる」らしくて、捕まっても捕まってもまたやるんです。**

堀江▼暴力団対策法が強化されて、暴力団のしのぎがすごく減ってますからね。

野本▽あと、漁業者も密漁しています。例えば、カレイ網を張っている漁師が夜中に漁に出て行って毛ガニを獲ってくるんですよ。その人は毛ガニを200杯積んでいて逮捕されたんですけど、「たまたま毛ガニが獲れた」とか言い訳してました（笑）。

今、シーフード需要は右肩上がり！

——スーパーなど店頭でのマグロ価格ですが、７年前は１００g３９０円だったのに現在は４８０円くらいです。

野本▼船や車の燃料も、倉庫の保管料も、マグロを加工する人の人件費も上がっていますからね。これは全業種の世界的な傾向です。それに世界の人口が増えてタンパク質が足りないということで、シーフードを食べる層がどんどん増えています。今、タコの値上がりが本当にひどいんですよ。

堀江▼タコなんか欧米人は「悪魔の魚」と言って、昔は食べなかったんですけどね。やっぱり、おいしさを知っちゃうとダメなんでしょう。牛タンも今、すごく価格が上がっています。牛タンは日本人が米国産牛肉を安く買えた時代にできた食習慣で、アメリカ人は牛タンなんか捨てていたんですよ。加工するのが大変だし、可食部位が少ないし。

野本▽それが今はヨーロッパに買い負けしています。タン元を削らないといけないんですよね。私、前職が肉屋だったので、ある程度は詳しいんです（笑）。

堀江▼野本さん、肉も詳しいんだ（笑）。

既得権とぶつかると起こること

――漁業の既得権問題についてはいかがですか。

堀江▼一番悪い例で言うと、ＪＡＸＡ（宇宙航空研究開発機構）が種子島に宇宙センターを持っているでしょ。あそこでロケットを打ち上げる時に漁業補償を出しているんです。でも、これって厳密には違法だと思うんですよ。だって、海はみんなのものであり、漁業者が持っているのはあくまで漁業権だけですよね。でも、「ロケットを打ち上げる時は、そこで漁ができない。だからその分を補償しろ」と言われて、政府は補償することにした。悪しき前例をつくってしまったんです。

野本▽世界的には「**水産物は国民共有の財産**」ということが法律でしっかり決まっていますます。でも、日本はそうなっていない。日本は「水産物は漁師さんのもの」みたいになっている。だから、種子島の話じゃないですけど、例えば「風力発電を設置したから魚が逃げちゃったじゃないか。そのぶんの漁業補償をよこせ」とか言うんですよ。でも「魚が逃げようが何しようが、魚はあなたたちのものじゃないでしょ」って言いたいです。基本的には、魚を獲ってくる労働に対して対価をもらうのが漁師の仕事です。でも、日本の場合は漁協が「ここからここまでは堀江さん。ここからここまでは野本さん」のように決めて「好きなだけ獲っていいよ」という縄張りみたいな権利になっている。

――ちなみに「羽田市場」を始める時に漁協と問題になったことはないんですか？

野本▼漁協はあくまでも漁業者の団体なので、漁業者が獲ったものを高く売るための組織です。だから、うちとは合致する部分のほうが多いんです。

堀江▼ぶつかるとしたら豊洲市場とかですよね。

野本▼そうですね。まだ築地市場の時代でしたけど、「お前ら飲食企業のくせに漁業に参入するのか。普通に仲買いから買えばいいじゃないか」と言われたり、ターレー（卸売市場などで使う小型の運搬車）がやってきて、店の前に豚の頭をばら撒かれたりとかの嫌がらせはありました。「漁業者なのになんで豚なんだよ」と思いましたけどね（笑）。でも、徐々に認めていただけるようになって、今は豊洲の人たちともうまくやっています。

堀江▼豊洲も時間がかかりましたよね。今は何事もなかったかのようにやっているけど、移転※の時はずいぶん騒いでましたから。

※2016年8月に東京都知事に就任した小池百合子氏は、同年11月に開場予定だった豊洲市場への移転に関して「いったん立ち止まって考える」「築地市場の閉鎖、解体工事も延期する」「豊洲の土壌汚染などに問題が残る」などと発言して、築地市場の豊洲への移転に消極的だった。しかし、2018年になると一転「安心・安全な市場として開場する条件が整えることができた」として、10月に開場。一方の築地市場は、その後、閉鎖・解体され、跡地は再開発中である

野本▼あの時は「築地女将さん会」が移転中止を訴えたり、豊洲は土壌が汚染されていると批判されたりしていましたよね。

堀江▼でも、世界的な趨勢《すうせい》でいうと、築地みたいなところはリノベーションするのが普通なんです。例えば、ポルトガルのリスボンに「タイムアウトマーケット」という場所があるんですが、そこは市場をリノベーションして、人気の飲食店を集めてフードコートみたいにしているんです。パリもそうだし、バルセロナもそう。**古いマーケットはみんな、観光市場にリノベーションしているんです。**

水産スタートアップの明るい未来

――水産業界の今後についてお聞きしたいんですが、最近は「ウニノミクス※」や「サーモンの陸上養殖※」など、注目のスタートアップが続々と出てきています。

野本▼私の基本的な立場は「海を守って天然ものを売っていこう」なんです。「天然ものがなくなっても養殖があればいいじゃん」という人もいますが、養殖ものの餌は天然ものなんです。例えばマグロを1kg太らせるのにはサバが20kg必要です。

※ウニノミクスは、2017年設立の会社。磯などの浅瀬の岩礁で、海藻が焼失していく「磯焼け」という現象がある。その一因となっているのが異常繁殖したウニによる食害。そのウニを漁師から買い取り、独自開発したエサで育てて、2、3ヶ月後に美味しいウニとして出荷する事業を行なっている

※サーモンの陸上養殖は、近年行なわれている新しい養殖方法。近年、世界的に水産物の需要が伸びている。中でも人気なのがサーモンだ。そこでサーモンの養殖に期待がかかるが、海での養殖は台風や外敵、病原菌などのリスクがある。一方の陸上だと水温や水質の調整や餌やりなどが管理できるため、安定的にサーモンを供給できるというメリットがある

堀江▼だから、**僕は「養殖じゃないとできないことをやるべき」だと思うんですよ。例えば、牡蠣の陸上養殖なんかは僕はすごくいいと思っています。**なぜかというと、牡蠣はなんでも体内に取り込んじゃうんです。だから、水質を浄化するために牡蠣の稚貝を放流したりすることがあるんですが、その時に食中毒を起こすノロウイルスなども体内に留めてしまう。だけど、陸上養殖したらそのようなリスクはない。だから食中毒にならない牡蠣が作れますよね。

あと、フグも完全養殖したら肝も食べられるんじゃないかなと思っているんですよ。フグの毒はテトロドトキシンですが、あれは海中にある毒を持っている藻類とかを食べているからできるのであって、毒を持っている海藻などを食べなければ毒はできないんです。

野本▽そうですね。

堀江▼あと、ウニノミクスで育てているウニも、餌は昆布の切れ端なんです。昆布を加工した時に切れ端がいっぱい出るので、それを使っています。それから、近畿大学は「クエタマ」という魚を作っている。クエは高級魚ですよね。でも、大きくなるのに7、8年かかる。一方で「タマカイ」というクエと同じハタ科の魚がいるんですが、タマカイは2、3年で大きくなる。それでクエとタマカイを交雑させて「クエタマ」という魚を作った。これはクエのおいしさを維持しながら、早く育つんです。だから、養殖ならではのものであれば、僕はありかなと思っています。

野本▼僕もそう思います。

本書は、経済ニュースプラットフォーム「News Picks」のプレミアム会員専用コンテンツ「HORIE ONE」の内容を加筆・再編集したものです。

プロフィール

堀江貴文　Takafumi Horie

1972年福岡県生まれ。実業家。1996年、東京大学在学中に23歳でインターネット関連会社オン・ザ・エッヂ（後のライブドア）を設立。2000年には東証マザーズに上場し、近鉄バファローズやニッポン放送の買収などで注目を集めた。2006年に証券取引法違反で逮捕され、懲役2年6カ月の実刑判決を受ける。2011年に収監され、2013年に釈放。その後、スマホアプリのプロデュースや、インターステラテクノロジズ社での民間宇宙ロケット開発など、幅広い事業で活躍している。また、ソーシャル経済メディアNewsPicksの有料コンテンツ『HORIE ONE』では、毎回注目度の高いゲストを迎え、時事問題を解説。著書に『2035　10年後のニッポン　ホリエモンの未来予測大全』（徳間書店）、『ChatGPT vs. 未来のない仕事をする人たち』（サンマーク出版）など。

僕《ぼく》らとビジネスの話《はなし》をしよう。
新時代《しんじだい》の働《はたら》き方《かた》

2024年9月15日　第一刷発行

著　者　堀江貴文《ほりえたかふみ》
発行者　佐藤靖
発行所　大和《だいわ》書房
東京都文京区関口1-33-4
電話　03（3203）4511
協力　金泉俊輔（NewsPicks Studios）
カバー写真　杉原光徳
カバーデザイン　tobufune
本文デザイン　荒井雅美（トモエキコウ）
編集協力　村上隆保
本文印刷　厚徳社
カバー印刷　歩プロセス
製本　ナショナル製本

ISBN 978-4-479-79813-2
乱丁本、落丁本はお取り替えいたします。
http://www.daiwashobo.co.jp